U0892288

让中华福文化绽放璀璨的时代光芒

中共福建省委宣传部 编

海峡出版发行集团
福建人民出版社

图书在版编目（CIP）数据

让中华福文化绽放璀璨的时代光芒/中共福建省委宣传部编. --福州：福建人民出版社，2022.12
ISBN 978-7-211-08921-5

Ⅰ.①让… Ⅱ.①中… Ⅲ.①中华文化—研究
Ⅳ.①K203

中国版本图书馆CIP数据核字（2022）第160962号

让中华福文化绽放璀璨的时代光芒
RANG ZHONGHUA FUWENHUA ZHANFANG CUICAN DE SHIDAI GUANGMANG

作　　者：中共福建省委宣传部
责任编辑：何水儿
责任校对：李雪莹
出版发行：福建人民出版社　　电　　话：0591-87533169(发行部)
网　　址：http://www.fjpph.com　　电子邮箱：fjpph7211@126.com
地　　址：福州市东水路76号　　邮　　编：350001
经　　销：福建新华发行（集团）有限责任公司
印　　刷：福州德安彩色印刷有限公司
地　　址：福州市金山浦上工业区B区42幢
开　　本：787毫米×1092毫米　1/16
印　　张：10.75
插　　页：2
字　　数：122千字
版　　次：2022年12月第1版　　2022年12月第1次印刷
书　　号：ISBN 978-7-211-08921-5
定　　价：68.00元

本书如有印装质量问题，影响阅读，请直接向承印厂调换。
版权所有，翻印必究。

让“福”文化绽放璀璨的时代光芒（代序）

闵仲平

新春佳节，千家万户贴上“福”字、互道祝福。不少福建人说普通话“福”“虎”同音，因而虎年春节，对于福建来说，意义非同寻常。各地用不同的风俗，传递着满满福气，洋溢着虎虎生气，期盼新一年过上更加幸福美好的生活。

一

千百年来，“福”已经融入社会生活的诸多方面，成为中华民族深沉的文化基因和恒久的精神追求。

福，是最古老的汉字之一，形约而旨丰。甲骨文的“福”是个会意字，人双手捧着一樽酒敬献给神明或祖先，祈求满足各种美好愿望。《说文解字》载，“福”字从示畐声，示是祈求保佑，畐是腹满之意，寄托着古人得到田地以满足温饱需求的愿望。随着历史演化，“福”逐渐从物质生活的满足丰富到精神层面的追求，举凡吉祥喜庆、平安富足、顺遂美好皆可用

"福"来表达，体现人们对幸福生活的企盼。

二

福人居福地，福地福人居。福建是全国唯一以"福"字命名的省份，梳理底蕴深厚的历史文脉，福文化蔚为大观。唐开元（713—741）年间，就有"福州""福建"之名。福州之"福"，因城西北有福山而得名；福建之"福"，取自福州。此外，福清、福安、福鼎等县域地名，都与福字有不解之缘，其美好寓意流传至今。2019年春节前夕，习近平总书记给厦门大学外籍教授潘维廉回信，用两个福建地名祝他"全家'福安'、一生'长乐'"，成为当年最流行的祝福语。

历史发其源，文化铸其魂。福建依山傍海，历来享有山海画廊、人间福地的美誉。古往今来，无论是丰富多样的建筑、服饰、饮食风俗，还是生动活泼的崇福、祈福、祝福民俗，或是乐善好施、福泽同胞、回报桑梓等传统习俗，福建人民以各种形式传承和演绎"福"文化，形成高度的心理认同和价值认同，内化为流淌在血液里、镌刻在灵魂中的精神力量。

三

"问渠那得清如许，为有源头活水来。"对"福"的向往，与中华民族同生，与社会发展同步。

人杰地灵的福建，一代代仁人志士不断扩展提升"福"的内涵。宋代大儒朱熹提出"为善则福报"，认为个人道德修为和幸福的获得是一致的；民族英雄林则徐以“苟利国家生死以，岂因祸福避趋之”为人生座右铭；黄花岗烈士林觉民在《与妻书》中写道：“当亦乐牺牲吾身与汝身之福利，为天下人谋永福也。”……这些思想都强调追求幸福不仅是个体的事，应当把个人冷暖、集体荣辱、国家安危融为一体，为他人、为社会谋幸福。

在中国共产党领袖的心中，“福”的地位更加崇高。为中国人民谋幸福、为中华民族谋复兴是我们党的初心使命。毛泽东同志指出，“为什么要革命？为了使中华民族得到解放，为了实现人民的统治，为了使人民得到经济的幸福。”邓小平同志强调，“各项工作都要有助于建设有中国特色的社会主义，都要以是否有助于人民的富裕幸福，是否有助于国家的兴旺发达，作为衡量做得对或不对的标准。”习近平总书记指出，“让人民群众过上幸福生活，是我们党百年来的执着追求。”一百年来，一代又一代中国共产党人为实现人民幸福、民族复兴矢志不渝、接续奋斗。特别是党的十八大以来，中国共产党弘扬伟大建党精神，团结带领人民历史性地解决了绝对贫困问题，在中华大地上全面建成了小康社会。中国共产党的百年历史，就是为全国各族人民谋解放、谋发展、谋幸福的历史。事实无可辩驳地证明，没有中国共产党就没有新中国，就没有今天国家的繁荣进步和人民的幸福生活。

四

在2022年春节团拜会上，习近平总书记强调：“世界上最大的幸福莫过于为人民幸福而奋斗。”对此，福建人民有着深刻的体会。习近平同志在福建工作期间，从解决“茅草房”“连家船”问题到大力实施“造福工程”，从治理“餐桌污染”到率先启动生态省建设，从推动山海协作到开创东西部扶贫协作“闽宁模式”，从倡导“四下基层”“四个万家”到提出“牢记政府前面的‘人民’两个字”……与福建人民一起为实现幸福美好生活持续奋斗，留下宝贵的思想财富、精神财富和实践成果，树立了为人民幸福拼搏奋斗的典范。

习近平总书记反复强调，中国梦“必须紧紧依靠人民来实现，必须不断为人民造福”。他指出，幸福不只是物质或精神的满足，还在于劳动和创造。“只有奋斗的人生才称得上幸福的人生。”……这些重要论述，深刻诠释了共产党人的根本宗旨，把我们对幸福、对追求幸福的认识提升到了新的境界。

马克思曾说：“如果我们选择了最能为人类而工作的职业……我们的幸福将属于千百万人。”中国共产党始终坚持胸怀天下，不断为人类文明进步贡献智慧和力量。习近平总书记指出，要“把本国人民利益同世界各国人民利益统一起来，朝着构建人类命运共同体的方向前行”。在这一理念指引下，中国不但成功实现14亿多人民的全面小康，朝着共同富裕目标迈进，而且为增进人类福祉、解决世界问题贡献了中国智慧和中国方案，描绘了和衷共济、天下大同的人类文明新图景。

五

当前，中国共产党带领人民向着第二个百年奋斗目标迈进，为实现中华民族伟大复兴的中国梦而不懈奋斗。福建省委省政府牢记习近平总书记重要嘱托，紧紧围绕全方位推进高质量发展超越，正团结带领全省人民奋力谱写全面建设社会主义现代化国家的福建篇章。

我们弘扬“福”文化，就是要坚持以习近平新时代中国特色社会主义思想为指导，聚焦人民幸福这一“国之大者”，把着力提高人民生活品质作为出发点和落脚点，努力在新发展阶段新福建建设中统筹发展和安全，认真发展好经济，千方百计办好千家万户的事情，不懈奋斗造福人民。就是要把坚持马克思主义同弘扬中华优秀传统文化有机结合起来，在践行社会主义核心价值观过程中，推动“福”文化创造性转化、创新性发展，让“福”文化在新时代绽放璀璨的光芒。

福星高照，福佑中华。心中装着百姓，手中握有真理，脚踏人间正道，让我们一起奔向更加幸福美好的未来！

目 录

福星高照，福佑中华

陈　吉

福建堪称中国福文化荟萃之地。

福建和福州是中国唯一以“福”字冠名的省级行政区和省会城市。所谓一方水土养一方人，这里的宜人气候、美丽山川和厚重历史，涵养着丰富多彩的福文化，孕育了令人瞩目的“造福”人文遗产，涌现了群星璀璨的一批批造福人，成为名副其实的福天福地。

幸福是福，奋斗是福

中国福文化博大精深，雅俗共赏，表现出巨大的包容性、丰富性和群众性。

最能代表福文化传统内涵的莫过于“五福”之说。《尚书·洪范》称“五福”为“一曰寿，二曰富，三曰康宁，四曰攸好德，五曰考终命”，即讲求长寿、富裕、安康、有德行、年老无疾而终，古人认为这样的人生才是最完美的。两汉之际的桓谭《新论》中将“五福”调整为“寿、富、贵、安乐、子孙众多”。时至今日，经过千百年的演变，“五福”又被概括为“福、禄、寿、喜、财”五方面内容。从“五福”内涵的演变可以看出，中国人的“福”是集“三千宠爱在一身”的，中国人把渴望祈祝的一切美好愿望与目标都给了“福”，既寄托了对幸福生活的向往，也表达了对美好未来的祝愿。“福”成为吉祥美好事物的集合体，古往今来始终受追捧。

今天，如果要选择一个词来作为福文化在这个时代的“代言人”，“幸福”肯定会高票当选。在福文化所有的“代言人”中，“幸福”无疑是最与时俱进的一个。东汉许慎《说文解字》释：“幸”，吉而免凶也；“福”佑也。不过，这里无论是免凶还是护佑，都是祈求“天”（“上苍”）或“天子”（“帝王”）的赦免与护佑。而信奉“人民才是历史的创造者”的站立起来的中国人民，幸福观早已发生了天翻地覆的变化，那就是幸福不能拜上苍或帝王所赐，幸福生活要靠我们勤劳的双手来创造。

习近平总书记在2018年新年贺词中特别指出：“幸福都是奋斗出来的。”在2018年春节团拜会上又指出：“只有奋斗的人生才称得上幸福的人生。”并称赞：“奋斗者是精神最为富足的人，也是最懂得幸福、最享受幸福的人。”“百年恰是风华正茂”，中国共产党始终把为中国人民谋幸福、为中华民族谋复兴作为自己的初心使命，尤其是十八大以来，以习近平同志为核心的党中央始终坚持把人民对美好生活的向往作为奋斗目标，围绕让人民生活幸福这个“国之大者”，努力奋斗，锐意进取，为民造福，神州大地呈现出一派福满人间的盛世景象。

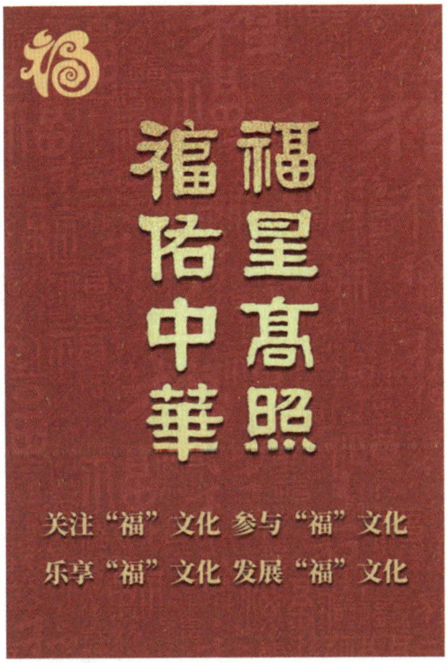

◎福星高照　福佑中华

福星高照，造福人民

福星在中国福神谱系中占据显赫地位，与禄星、寿星并称为“福禄寿”三星。“福禄寿”三星，起源于远古先民的星辰自然崇拜。古人按照自己的意愿，赋予他们非凡的神性和独特的人格魅力。有意思的是，在福神崇拜的演变中，曾有一个救民于水火的好官成为福神，他就是唐德宗（780—805）时期的道州刺史阳城。史载当时道州存在向皇帝进贡道州矮民（侏儒）的惯例，阳城到任后，冒死上书给皇帝，劝谏罢贡，最终朝廷废止了这一恶习。人们感激阳城的再生之德，建庙供奉他为福神，阳城庙也被称作福神庙。

在中国的历史长河中，杰出人物最后成神成圣的例子还有不少。这些人都有一个共同的特点，那就是生前为民造福，身后为民供奉，成为福神福星。这种由人到神的升格过程，或许正说明了中国福神崇拜中固有的人本因子，可以与中国人幸福观从神到人的正本清源相印证，充分反映了中国人对为百姓造福的好人好官的渴求、感念与铭记。

作为中国福文化的集散地之一，八闽大地的人杰地灵也体现在拥有丰厚的“造福”人文遗产上。就以福州而言，这座具有2200多年建城史的中国历史文化名城，文教发达、人文荟萃，仅近现代就涌现了睁眼看世界第一人林则徐、福建船政之父沈葆桢、近代启蒙思想家严复、最早译介西方文学作品的林纾、献身维新变法的林旭、捐躯黄花岗起义的林觉民等。这些人不独为福州、为福建作出了杰出成就，更成为中国近现代化启蒙的推动者，在中华民族百年复兴的伟大征程中作出了卓绝的贡献。其中林则徐“苟利国家生死以，岂因祸福避趋之”的政治担当，林觉民“乐牺牲吾身与汝身之福利，为天下人谋永福也”的慷慨誓言，堪称中国一代代造福人的共同志愿与心声。

2021年3月，习近平总书记到福建考察时叮嘱：“我在这里工作的时候，就设想把福州建成海滨城市、山水城市，现在发展得比当时设想得还要好，要继续做下去，希望有福之州更好造福于民。”在三明市沙县总医院实地了解医改惠民情况时，习近平总书记还提出了一个“幸福算法”——健康是幸福生活最重要的指标，健康是1，其他是后面的0，没有1，再多的0也没有意义。人民群众的幸福始终是领袖念兹在兹的“国之大者”，如何更好为民造福始终是领袖殷殷嘱托的“国之大者”。

为有牺牲多壮志，敢教日月换新天。在中国共产党带领中国人民奋斗的峥嵘岁月里，八闽大地赤旗招展，八闽儿女奋勇争先，前仆后继，上演了一幕幕为中国人民谋幸福、为中华民族谋复兴的历史活剧。在这些活剧中，无论是革命领路人，还是改革先行者，一代代谋福人、造福人成为最耀眼的时代主角。虽然历史车轮滚滚向前，将人升格为神的做法已经不合时宜，但历史不会忘记，人民永远铭记，他们应该获得历史颁发的“造福勋章”！

共同富裕，福佑中华

2021年10月16日，《求是》杂志第20期发表了习近平总书记的重要文章《扎实推动共同富裕》，再次吹响了向共同富裕进军的号角。文章指出：“现在，我们正在向第二个百年奋斗目标迈进。适应我国社会主要矛盾的变化，更好满足人民日益增长的美好生活需要，必须把促进全体人民共同富裕作为为人民谋幸福的着力点，不断夯实党长期执政基础。”同时再次强调：“幸福生活都是奋斗出来的，共同富裕要靠勤劳智慧来创造。”

在中国的福文化传统中，“富”是“福”题中应有之义。福、富同源。东汉经学家刘熙《释名》说：“福，富也。”《礼记·祭统》说：“福者，备也；备者，百顺之名也。无所不顺者，谓之备。”而《说文解字》释“富”为“备”。“备”是“具备”，有完全的意思，比如祭祀的酒肉之类皆备了，由此引申“福”是“富”的意思。《礼记·郊特牲》又说："富也者，福也。"可见"福"与"富"互解，无论是以"富"为"福"，还是欲"福"先"富"，"富"（"财"）一直作为"五福"之一，无可替代。

民间对"福"字有"一口田，衣禄全"之说，在我们的祖先看来，有衣服穿，有一口田，能吃饱饭那就是福气了。而古往今来，人民富裕，国家富强，一直是衡量一个国家治理的标准。在中国历史上，虽然出现过像文景之治、贞观之治、开元盛世、康乾盛世这样的大发展时期，但即使在这种所谓"盛世"，"朱门酒肉臭，路有冻死骨"的现象也不鲜见。只有中国共产党人始终把实现人民共同富裕作为自己的信念与追求。习近平总书记《扎实推动共同富裕》的重要文章鲜明指出："共同富裕是社会主义的本质要求，是中国式现代化的重要特征。我们说的共同富裕是全体人民共同富裕，是人民群众物质生活和精神生活都富裕，不是少数人的富裕，也不是整齐划一的平均主义。"

在新落成的中国共产党历史展览馆里，有一座名为"小康宝鼎"的展品格外引人注目，上有铭文："以民为本，吾党所向。民族复兴，百年担当。摆脱贫困，全面小康。惠此中华，以利四方。"这短短32字铭文，记录了中国共产党带领中国人民所创造的人间奇迹，表达了弘扬伟大建党精神是中国共产党团结带领中国人民进行一切奋斗、一切创造的精神动力。

诚哉斯言——全面小康，惠此中华。诚心祈愿——共同富裕，福佑中华！

人民心中的福

方庆云

“福”字是中华民族最古老、最吉祥、最受欢迎的文字之一。一个“福”字寄托了中国人民对幸福生活的向往，对美好未来的期盼，甚至是一生梦寐以求的夙愿。

但什么是“福”？怎么能得到“福”？一生有多少“福”？历史上所谓“盛世”中，广大劳动人民受剥削被压迫的地位始终没有改变，难享真正的福。辛亥革命后，各种政治力量反复较量，但中国依然是山河破碎、积贫积弱，列强依然在中国横行霸道，中国人民依然生活在苦难和屈辱之中，福无所依，广大劳动人民依旧过着牛马不如的生活，年年无福，天天有祸，“路有冻死骨”比比皆是，只有少数人过着“朱门酒肉臭”的生活。

1921年中国共产党成立以来，中国共产党人坚持把全心全意为人民服务作为党的全部实践的根本价值取向，把推翻“三座大山”，实现民族独立、人民解放作为矢志不渝的革命追求，把群众路线作为党的三大法宝之一，使党和人民群众建立了牢不可破的血肉联系，完成了新民主主义革命。1949年10月1日建立了中华人民共和国，毛主席在天安门城楼上向全世界庄严宣告，中国人民站起来了！中国人民从此走上了幸福之路。

中华人民共和国成立后，中国共产党带领全国人民经过艰苦探索，把社会主义新中国带入了改革开放的时代洪流中。中国共产党准确研判国内外形势，作出了实行改革开放的重大决策，并把人民拥护不拥护、赞成不赞成、高兴不高兴、答应不答应作为衡量改革和一切事业成败的根本标准，出台了一系列利国惠民、改革发展的新政策、新举措，开辟了中国特色社会主义道路，创立和形成了包括邓小平理论、"三个代表"重要思想、科学发展观等重大战略思想在内的中国特色社会主义理论体系。国民经济得到迅速发展，广大人民安居乐业、丰衣足食，幸福之路越走越宽广了。

党的十八大以来，中国特色社会主义进入新时代。以习近平同志为核心的党中央坚持把人民至上的价值理念贯穿于治国理政全过程和各方面，提出："人民对美好生活的向往，就是我们的奋斗目标。"坚持以人民为中心的发展思想，不断促进人的全面发展，满足人民日益增长的美好生活需要，推动党和国家各项事业取得历史性成就、发生历史性变革，创造了让世界刮目相看的新奇迹。

2021年2月25日，党中央隆重召开全国脱贫攻坚总结表彰大会，习近平总书记庄严宣告，经过全党全国各族人民共同努力，我国脱贫攻坚战取得了全面胜利！紧接着中国共产党又带领全国人民全面推进乡村振兴，大力加强基础设施建设，促进城乡经济发展，保护绿水青山……广大人民走上了幸福生活的康庄大道。

回首20世纪90年代，习近平同志在福州任职期间，每年均带领班子成员开展“四进万家”（进万家门、知万家情、解万家忧、办万家事）活动，密切联系群众。每年为民办20件实事，每年亲自带领班子成员和有关部门深入各区县，接待群众信访，面对面直接帮助解决实际困难，建立一幢楼办公制度，帮助基层的个人解决各种手续难办的问题。他要求各级领导干部要为官一任，造福一方，始终把最广大人民根本利益放在心上，坚定不移增进人民福祉，把高质量发展同人民美好生活需求紧密结合起来。这些都充分体现党对人民福祉的无限关怀，处处为民谋福，事事为民造福，兑现了人民对美好生活的向往，是我们党的奋斗目标的庄严承诺。

特别是2020年，面对突如其来的新冠疫情，党中央果断决策、沉着应对，坚持人民至上、生命至上，动员全党、全军、全国各行各业千军万马的力量，统一调配抗疫物资，用最短的时间制止疫情的蔓延发展，最大限度保护了人民生命安全和身体健康，千家万户的幸福生活得到保障。这是中国共产党关心人民疾苦，为人民谋幸福的重要标志，是以习近平同志为核心的党中央英明决策、果断行动、措施有力的结果。

如今，中国人民幼有所育、学有所教、劳有所得、病有所医、老有所养、住有所居、弱有所扶，中国人民的获得感、幸福感、安全感更加充实、更有保障、更可持续。这就是新时代人民心中的福。

习近平总书记说过，“幸福都是奋斗出来的”。党为人民谋幸福，广大人民群众积极响应，为个人，为集体，为国家，撸起袖子加油干，创造幸福生活。

◎2020年1月拍摄的福州城市森林步道。“十三五”期间，福建坚持人与自然和谐共生，获批建设首个国家生态文明试验区，生态文明体制机制创新走在全国前列（张永定 摄）

在幸福的新时代，个人努力拼搏，是创造“福”的重要因素。每个家庭和个人都希望有“福”，什么是“福”？一个人一生有多少“福”？其答案没有统一的标准。不同地区、不同时代、不同年龄、不同民族、不同性别等，有不同的需求和不同的梦想与追求。纵观人类发展史，多拼搏多做好事善事就会多积德多得福，少做就少得福，尽做坏事缺德事或是违法犯罪就要受到道德谴责及法纪的制裁，不可能有福。我们每个公民都是国家的成员之一，“国家兴亡，匹夫有责”，不论是国家的“福”或个人的“福”，都要靠共产党领导，走社会主义道路，遵纪守法，积极培育和践行社会主义核心价值观，并根据每个人的优势和特点，各尽所能，选择自己谋生造福的职业，开拓进取，克服困难，艰苦创业，创造财富，实现自己的梦想，才能让生活更幸福美满。在社会主义大家庭里，个人的发展具有广阔的天地，既要敢为，又能善为，必定有为。行行可以出状元，人生到处都有福。让我们每个人树起雄心壮志，为国家、为人民、为自己创造更多的财富，实现共同富裕、共同幸福。

“福”的目标是实现共同富裕。改革开放以来，国家允许一部分人先富起来。在国家政策的引导下，一批敢为人先的创业者闻风而动，各类私营企业如雨后春笋在中华大地上生根、发芽、成长，在很短的时间内发展壮大。个体工商户及民营企业的发展对促进我国经济和社会发展起到重要的作用，也让千百万人找到了发展的新途径，许多家庭及民营企业的财富积累从万元到百万元、千万元、亿万元，实现了一部分人先富起来的目标，同时也为第三次分配，让更多人富裕，最终实现共同富裕、共同幸福打下了基础。党中央提出，要不断实现好、维护好、发展好最广大人民根本利益，坚定不移推进共同富裕。已经先富起来的企业和个人积极响应国家的号召，坚持自愿的原则，有的通过慈善机构等渠道，帮助经济薄弱的地区、灾区及个人发展经济，增加造血功能；有的通过投资或股权合作等形式，充分利用当地资源，开发项目，创造财富，达到均衡发展的目标，先富带后富，大家共同富裕，共同过上幸福的生活。

“福”是全人类共同创造出来的。世界是一个大家庭，大家都在一个地球上生活，国与国之间唇齿相依，只有和平相处，共同发展，才能共同过上幸福的生活。特别是近年出现的新冠疫情，无国界肆虐着全人类。人类的“福”须靠全人类的力量共同创造，才能享受到人生到处都有福。以习近平同志为核心的党中央统筹国内国际两个大局，推动构建人类命运共同体，弘扬和平、发展、公平、正义、民主、自由的全人类共同价值，引领人类进步潮流，与世界各国人民共谋幸福。

中国共产党人是这么说也是这么做的。习近平总书记在十九大报告中指出，中国将积极促进“一带一路”国际合作，努力实现政策沟通、设施联通、贸易畅通、资金融通、民心相通，打造国际合作新平台，增添共同发展新动力。与世界人民心连心，共幸福。近年出现的新冠疫情，我们党和国家领导人高度关心那些贫困国家的困难，派出专家和大批的医务人员，提供大量物资，支持他们克服困难，援建国计民生项目，帮助发展经济。中国人民支持世界大家庭共存与发展的举措得到世界各国人民的支持和拥护，也充分体现了勇于担当的大国风范与国际主义精神。

我们坚信在以习近平同志为核心的党中央正确领导下，以新时代的精神、新征程的步伐，不断向前开拓进取，我们国家一定可以从站起来、富起来到强起来，中国人民和世界人民一定可以过上每个人心中的幸福生活。

福文化说

林　焱

“福”文化既是得到广泛认知感受、易于履蹈操持的大众文化，又具有悠远的历史发展过程和深刻、精邃的思想内涵。从人文学术、思想效能和社会发展等多层面对“福”文化进行深入探讨，是弘扬中华文化、提升国民精神修养的一个重要课题。

一

“福”这个汉字的起始可追溯到3500年前的殷商时期。《殷墟甲骨学》一书中罗列了不同样式的“福”字。《甲骨文字诂林》等工具书也汇编了诸多样式的“福”字。据称，甲骨文中总共有200多个不同写法的“福”字，其样式虽不同，构成形态基本都是两只手捧着酒罐子举起以祀奉的样子。

“福”的象形文字一开始就有两层意思：器皿符号表示生活物资的拥有，两只手的符号是呈现珍惜、尊崇的行为和心理——中国福文化最基础的意义已经初步构成。

中华文化博大精深，3000多年前的“福”字就是一项明

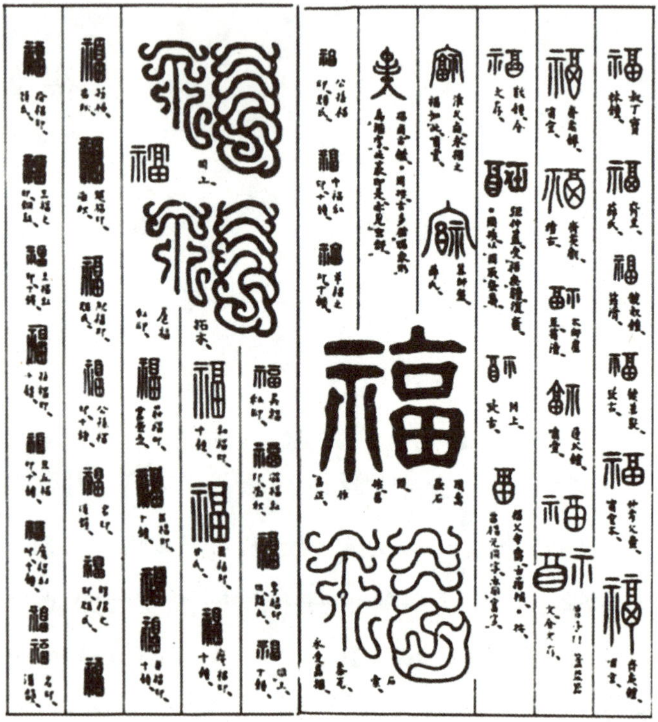

◎方述鑫等编著的《甲骨金文字典》中的“福”字

证。它除了把日常生活的物质元素和精神层面的观念意识二者结合之外，还非常难得地通过多样的字体表现出中华大家庭的浩大和丰赡，表现出形式无限的多样性；又在多样性中包含着默契、融合和趋同。

商周、战国时期，金文、钟鼎文延续了甲骨文的表现形态。青铜金属介质的特点，使字体可以表现得更精致、更富有图案化的美感。篇幅巨大的《金文大字典》（戴家祥主编）和《精编金石大字典》（忠周编纂）都荟萃了大量“福”字，其中包括一些充分图案艺术化的“福”字。

汉字的形态因记载介质不同而丰富多样，早期还有一些较少为大众所了解的文字形态——镌刻在石头上的汉字，称为石鼓文；镌刻在陶器和砖头、瓦片上的汉字，称为砖瓦陶文。《中国砖瓦陶文大字典》（陈建贡编）、《石鼓文解读》（王美盛著）等提供了“福”字在陶石砖瓦等介质和形状上的表现。福文化早期的观念也渗透在这些器物上，福文化的多样性表现得更加突出。介质和物体有如生活的环境，无论环境怎样改变，“福”字总会寻求到最适合和最优美的形态，甚至介质和物体不适合汉字方正的形态时，“福”字也能有出乎意料的充分美化的表现样式。

当分布在世界各地的大多数初民种群还全然处在求食求宿的生存竞争中时，殷商朝代就有200多种“福”字，继而从甲骨文、金文到石鼓文、砖瓦陶文的不断推进，扎扎实实迈出了中华文化的健步。骨子里丰富多样、相拼相比的个性，和同样俨存在骨子里的相依相和、相归相一的共性都这样彰显出来。“福”一开始就成为一种充裕的生活条件和一种敬恪、遵养的生活观念、生活态势的结合。

二

因介质载体的变化多样，汉字有了极多的形态。也正是这个时期，中华思想文化出现极大跃升，迎来了春秋战国时期百家争鸣的高潮。文字书写的多样性与思想观念的多样性形成高度的契合，还可以从人体神经机能和精神意识飞升相互关系的角度，研究这一轮中华文化巅峰的形成，这是个非常深刻、非常前沿的课题。

在这个思想文化的潮涌中，以儒家、道家、墨家与法家为主要代表的思想铸就了中华哲学、思想文化的坚实基础。在极为丰厚、博大的学术思想中，也包含着关于福文化的重要内涵与理念。

孔子有句名言："夫贤者，百福之宗也，神明之主也，惜乎不齐之以所治者，小也。"儒家思想主张礼治、主张"为政以德"。所谓贤者，就是具有德与才之人。德才兼备，是"百福之宗"。

儒家经典《尚书·洪范》中有"五福"之说，"一曰寿，二曰富，三曰康宁，四曰攸好德，五曰考终命"。儒家的"五福"思想最重要之处也就是主张"德福一致"，把道德观与幸福观结合在一起。《国语》中同样说道："夫德，福之基也。无德而福隆，犹无基而厚墉也，其坏也无日矣。"儒家的福文化观念，从古至今就是中国最受广泛推崇的社会生活纲领性思想。

道家思想在幸福观方面跟儒家有相似之处，提倡物质生活欲望的约束与克制，即老子所谓"见素抱朴、少私寡欲"。儒家的思想建立在"入世"的社会行为之上，道家则提倡"出世"，疏离社会行为，追求个人精神境界的超越。葛洪进一步推论："求长生，修至道，诀在于志，不在于富贵也。"《抱朴子内篇·道意》中这样说："人能淡默恬愉，不染不移，养其心以无欲，颐其神以粹素，扫涤诱慕，收之以正，除难求之思，遣害真之累，薄喜怒之邪，灭爱恶之端，则不请福而福来，不禳祸而祸去矣。何者，命在其中，不系于外，道存乎此，无俟于彼也。"

"不请福而福来"，这种对"福"的理解，与儒家的"五福”思想对比有很大的区别。道家提倡通过修道而获得幸福，集中在精神超拔、德行至善的融合。这种幸福观专注于生命过程中超越式的精神状态。“福”是生命过程中感受到精神理想的实现，从而获得思想意识中的满足感。摒弃物质欲望方面的感官享受，不追求功名利禄等社会价值的实现，“心受制于奢玩，情浊乱于波荡，于是有倾越之灾，有不振之祸”（《抱朴子·道意》）。

物质享有与精神享有是两种不同的“福”，于是道家就有了二者之间关系的辩证的理解。二者之间失与得的辩证关系可以用《老子》一句名言来表达：“祸兮福之所倚，福兮祸之所伏。”清心寡欲、追求与自然之道相契的精神境界，道家的幸福观也是一种崇高的思想境界的追求。

春秋战国时期儒、道、墨、法等诸子百家奠定了中华文化的思想高度，在福文化领域也有非常博大的思想建树。这标志着史上福文化的思想深度，也掀起了福文化在各个领域发展的潮头。

三

迎新春过大年之时，每家每户都要贴对联、贴“福”字。历史上一些程式性的文化行为，往往都有生动的典故作为注释。贴“福”字的缘起也有多种故事，一种说法是起于神话故事“封神榜”。姜子牙辅佐周文王伐纣胜利后，在岐山封神台上册封立功将帅为各种神。原先是轩辕黄帝属下的总兵柏鉴被封为清福神，姜子牙的妻子也要求封为神。姜子牙说：“我娶

◎两个福神的区别

你为妻，穷了一辈子，那你就当穷神吧。”他妻子问：“那我管辖哪个地方？”姜子牙说：“穷神跟‘福’不能在一起，凡是有‘福’的地方你都不能去。”这事百姓知道后，过年时大家都在门上贴“福”字，穷神就不会进来了。

这则故事流传很广，民间也就有了过大年时家家户户贴“福”字的风俗。故事明显地带有喜剧性的色彩，轻松有趣。这也是我国传统文化包括福文化的一种格调，没有巨大的恐惧与灾难元素，没有惊吓与震慑的心理动机，带有平和、温婉的情调，只是述说一段生动的故事。听者不用追索故事的权威性，更不用追问姜子牙这样做对不对，姜妻这样接受冤不冤，贴了“福”字是否真的就能驱避穷神，大家觉得就这么回事，很顺和地相信了，形成风俗习惯，且代代相传。

历史上，由“封神榜”以及各种各样由头推演出了大量福文化的民间话语。由古代天文学紫微星座中的天官星演化出

“天官赐福”的天官，当然是个福之神。而福禄寿三星中的福星，又是从木星演进来的。木星也叫岁星，进而被称为福星、福神。这两个天官在年画、雕像等作品中的造型经常是一样的，所以民间似乎没有人去追问天官福星是从哪个星演化来的，或者这两个福神是不是同一位神明。

由福星、福神而引发出了各种祈福礼俗活动。历朝历代都有祈福仪礼，皇帝率领文武百官沐浴斋戒，在五色土坛上祝岁祈年以求江山永福。平民百姓也纷纷在年岁节日到社庙或在自家的祭台前给福神焚香进供，祈求天年平安、合家幸福。祈福日期、典仪程序各式各样，包括很多少数民族也有祈福的民俗活动。充溢着福文化意识的节庆、礼仪以及衣食住行的各种规范，使福文化渗透到社会生活的每一个层面。

◎百福图

春节过大年总是福文化深入家家户户的时节，各地都形成自具特色的祝福仪程。浙江绍兴的年终祝福大典、温州“拦街福”民俗活动，都是很有特色的过年习俗。鲁迅小说《祝福》传播非常广，还是学生必读的课文，鲁镇“致敬尽礼，迎接福神，拜求来年一年中的好运气”的祝福仪礼，包括因祝福礼节而形成的生活氛围、各等民众的心理反应，都为人们所熟知。

四

“福”这个字走出文字学的界域，成为影响面广阔无际的一种视觉符号。除住宅居所外，很多户外空间和风景名胜地界，也都崇显着巨大的“福”字，并衍生出各种节庆式的福文化活动。湖南常德桃花源自古有“洞天福地”之美誉，景区桃花观前厅的福寿碑吸引过很多游客。桃花源每年举办福文化节“五福临门”系列活动，有“巨龙降福”“仙境迎福”“盛世唱福”等环节，展示桃花源的传统文化、民间艺术和民俗文化。乐山大佛涪翁碑廊名人书法作品中一方草书体“福”字石碑前，总有诸多游客驻足观赏。“泰山王母赐福”书法石刻也称“瑶池赐福”“姻缘之福”。泰山风景区红门广场的单字“福”书法石刻，被誉为泰山第一“福”。成都北郊新都宝光寺山门前照壁墙上一米多见方的石刻“福”字，也是吸引很多游客的景点。

知名度最高的当数北京前海西街恭王府的万福园，园区内有1万个各种各样的“福”字雕刻，其中最受关注的当属康熙题写的“福”字碑。恭王府属国家级重点文物保护单位，是清代规模最大的王府院落，曾经是和珅的府第。和珅有一块巨大的康熙“福”字碑，宣称是天下第一“福”字。和珅府邸被抄没时，“福”字碑被埋藏在假山中。过了近百年，清廷被推翻后，石碑重新被发现。

遍布各地、历朝历代的“福”字，承载着我国博大的历史文化元素。就如恭王府的“福”字碑，它记载了清朝的起落兴衰，记载了帝王用心得失，记载了恶人终得恶报的道德规律。这些史实以故事的形式广为传播，极大地丰富了福文化的内涵和意义。

“福”字的书写，在历代书法家充满艺术个性的发挥下，楷、行、草、隶、篆等各显其美，民间汇集成的“百福”书法大全，也带来了足足的福气。

◎传统吉祥图《福缘善庆》

“福”字以书法、雕刻、衣饰等形式营造出覆盖范围极广的福文化视觉符号，进而又以多种形式延伸拓展，形成福文化的符号体系。具象的福神图画和塑像雕像，具有很大的影响力。而分布范围更广的是“福”的象征图案——借谐音的动物蝙蝠构造成“福”的一个符号系列。在这个符号系列中，蝙蝠渐变成非常多样的图案，有的还加上钱币、寿桃、云彩等图案，使“福”的含义越加丰富。这个符号系列，雕刻在房屋的窗门、柱础、墙壁、梁脊上，成为几乎无所不在的住宅院落的装饰。

另一个符号系列是福结，或称为中国结。福结是用丝、棉、麻等纹路美观的线材，加上玉佩、挂坠等配件，编出优雅美观、用途多样的挂件。起先其图形近似于篆体“福”字，所以称福结。后发展出多种样式，有“福寿双全”“双喜”“凤麟呈祥”“万事如意”“吉庆有余”等。福结用途也很广，在

◎传统吉祥图《福寿绵长》

服装、商品装饰、场地布置以及节庆活动场面的布置等都越来越经常用到。

五

地理环境、地域名称上福文化的体现，当然以福州为最。福州史上曾用过东冶、晋安、晋平、闽州、泉州、建安等多种名称，唐开元十三年（725年），因州郡西北有福山的缘故，始称福州。

全国有多处以“福”字入地名的，贵州福泉市、云南福贡县、湖南长沙开福区、山东烟台福山区，南京则有福陵里、福真街、福兴街、福景路等等。福州作为一个大城市，周边有一大片以“福”字冠名的地域——福清市、福安市、福鼎市、永福县（后改称永泰县）。现今福州市区带福字的街道、道路、村镇的地名就有60多处。

福州民众总以生活在“有福之州”为傲，这里自然环境、气候风水、生态物种、饮食特产、家业居室等等，处处有福、件件得福。2021年3月24日，在福建考察的习近平总书记来到福州福山郊野公园，在公园观景平台听取城市生态公园规划建设、城市水系综合治理情况汇报，乘坐电瓶车实地了解郊野福道风貌，到福建福光股份有限公司察看并询问企业技术创新情况。在福榕园，习近平总书记对正在这里休闲健身的福州市民说“七溜八溜，不离虎纠”。用方言流传的这句话，迅速传遍大江南北。

习近平总书记这次考察给福州福文化建设以极为强大的

推动力。

习近平总书记把福文化的内涵与意义作了高度的概括，用最响亮的语言指出福文化在新的历史时期的现实意义：老百姓的幸福就是共产党的事业，让人民生活幸福是“国之大者”。这在最高的思想层面上给我们指明了福文化进一步发展的走向及其意义。

变“祈福”为“造福”

卢美松

新年迎新春，人们见面互相祝福、共庆新禧。福的旨义，古人早有定义，《尚书·洪范》篇有“五福”之说：“一曰寿，二曰富，三曰康宁，四曰攸好德，五曰考终命。”后因避讳，汉代学者桓谭在《新论·辨惑》篇中将“考终命”改为“子孙众多”，所以今人多解为“长寿、富贵、安乐、好德、子孙众多”。

对于个人的福赞，人们历来推许有再造唐室殊勋的郭子仪。宋人徐钧颂曰：“古今多少功名在，谁得如公五福全。”他遂成世人艳羡的“福人”代表。

古人以“福地”称福州，“五福”范围有了扩大，由个人家族之“福”演化而为地域之“福”。所谓“地灵人杰”，福地出福人，人因地重，地因人名，成为“天人感应”说的注脚。民国时期，林森为福州名澡堂题联称：“非福人不能来福地，有龙脉才会有金汤。”说的就是福地与福人、金汤与龙脉的关系。这些说法都表明人生的福报乐享应是有象征的事物的。因为“福”字本身虽只是文化概念，是人们期盼的吉祥符号，意义抽象，事实却信而有征。人们往往在地理与人事上通过比附加以证明。

生在福建，活在福州，谈福论福，自有底气。当下说“福”的真正意义，在于身处福中应知福。福州地理形胜，环山沃野，派江吻海，自古为东南大都会，昔人称“江城福地”，是就其地理条件与生态环境而言的。因为福州地处闽江下游入海口，古昔由海湾浅滩经沧桑巨变而为平陆沃野，更因江流入城而营卫环境、便利交通，“福地”之称，实有由也。

闽江上游三大干流（建溪、沙溪、富屯溪）聚集无数溪涧之水，流域面积达6.1万平方千米，占全省地域面积几近一半，奔流到下游，进入福州海湾，水流平缓，泥沙淤积，造就肥沃的福州平原。《闽都记》载，福州“襟江带湖，东南并海。二潮吞吐，百河灌溢。山川灵秀，所都即逢兵不乱，逢饥不荒”。我们要感谢天地的赐予和先人的惠泽。

“山围故国周遭在”，福州外围三面为群山环绕，一面向海成为繁荣的水上交通孔道，“晋安海道”自古是海外交往的通途。姑且不论闽越国时代的海上用兵，单从东汉时作为南海诸郡贡献转运的枢纽，唐代成为南方对外交往的重镇而言，其地理形胜所带来的海交优势灼然可见，因此而收经济发达、文教兴盛、社会繁荣之福，故“福地”之称真乃实至名归。

地以福名，唐志载福州因“其西北有山名福山”故名。至于福山何指茫无所稽，故言人人殊。如果追溯福州建政以后首任晋安郡守严高新建子城的择址故事，似有可圆之说。史志记载，严高规划筑城前，画图咨询著名堪舆家郭璞，“璞指其小山阜曰：‘是宜城。后五百年大盛。’于是迁焉。”事有可疑者在于，当时郭璞年仅6岁，应无可能为之指画，疑另有其人而借称郭氏，以神其说。

后世志载有郭氏《迁城记》，文颇隐晦，义难索解，其始句曰：“桑田为海，人事更改。六旬甲子，当见其害。”而其铭文可视为记文之诠释，稍易于晓谕，文曰：“泰康之载，钎锸瓯基。四色牢城，层峦三径。洪许南流，瑞龙地应。其主螺女，现对花峰。千载不染，世代兴隆。诸邦万古，繁盛仁风。其城形状，如鸾似凤。势气盘拏，遇兵不饥。遇荒不掠，逢灾不染。其甲子满，废而复兴。”个别文字可能有舛误，但其文意大体明白。

据此诠解，福州有“世代兴隆”之势、“万古繁盛”之风，享不饥不掠不染之福。“瑞龙地应”之说道出福州龙脉与福祥的基兆。

元代诗人王偁有《登九仙山》诗曰：“心知别后登临少，福地重来感慨多。”他以离别福城，少登于山为憾，故再临福地，多增感慨，可见他对福城的眷恋。同代诗人黄镇成，也曾作文称州城为“福城”，可知福州城已是人所共仰的福地名区。所以到明代，《闽都记》作者王应山作诗赞九仙山新建的玉皇阁曰：“海甸由来称福地，神楼谁复羡蓬壶？”称三山“福地”而以古人传说的三仙山作譬，足见他的欣喜与自豪。

当然，最能表明三山繁华兴盛的，还数明末著名诗人徐𤊹在《冶城怀古》诗中纵情吟咏的“甲第朱门长乐郡，管弦灯火晋安城”。他以郡城之名“长乐”“晋安”诠释福州名城的具体含义，表现市井繁华与民生安乐，闽都之福呈现出社会与百姓安宁的景象。民众的理想、施政者的追求都在于此，亘古如斯，并无二致。

历史上福州作为州郡之名，曾有晋安、长乐、天兴、福唐、福安之称，皆寓安福之意，若加上所隶县名，更能足成“五福”：福清、福安、福鼎、永福。如此比附上古之“五福”，亦人情之常。

古人对“福”的祈求本来是基于个人，故有“五福骈臻”的祝颂，也有“自求多福”的忠告。既然福字意义扩大、含蕴加深，世人也屡加演绎推衍。无论何代，不分贵贱，都有对“五福”的追求。在国家有至治之求，如靖边绥远、长治久安、国泰民丰、熙宁平定、福禧咸同；王朝年号的取资也在求吉祥，如雍和康乐、兴宁永延、同昌隆庆、敬德绍圣、化运嘉成、顺正祯祥。这些祈祝之愿，如今作为历史的陈迹保留在帝制名位之中。

祥福的标志最大数量是作为地理标志永久存留在地名之中。这些体现了古往今来人们对幸福的永恒追求和期盼，可以说是中国传统文化中颇具特色的一章。世界上没有哪一个国家、哪一个民族，自古以来有如此执着、如此强烈地追求家国与个人的福祉理想。

种德修福自古有之，于今为烈。试看如今的企业、商户等冠名，哪一个不是绞尽脑汁体现福祥吉利之意，寄托顺利发展的希冀。这种来自往古、来自民间的福文化传统，深深地植入华夏儿女的心田，嵌入中国大地的各个角落。从对孩子的命名到山岭上的摹刻，从甲骨金文到竹简木牍，从僧尼诵读的经书到官民祈祷的祝文，真是无处不在，丰富多彩。

当然，中国人民也深深懂得，幸福不苟得，全靠人力取。它不是皇天后土的凭空赐予，而是靠人们辛勤劳动获得福报。人们都理解，劳动是福，修德是福，奉献是福，要把“祈福”变为“造福”。“不因果报勤修德，岂为功名始读书。”人生的意义在于自觉积学储宝，积德修福。

福地福人居
——福建福文化漫谈

林蔚文

自古以来，广大民众往往心怀一种淳朴的理念，就是希冀天下风调雨顺，国泰民安；人间五谷丰登，丰衣足食；人人平安长寿，无灾无患。这些美好愿望最终都融汇于福文化的澎湃潮流之中，其核心意义在于表达人们对人生幸福的向往和追求。

中国民间自古就有崇福、祈福、盼福的传统，对福文化有着高度的心理认同和文化认同。所谓福文化，其实亦是一种内涵广泛的民俗文化概念。“五福”之说对后世产生了广泛的影响，《韩非子》亦说“全寿富贵之谓福”，此后逐渐形成诸如福禄寿、加冠晋禄、三多九如、长命百岁、子孙万代等更加丰富的文化内涵，由此而来则是各种相关民俗元素和事象的流传。

提到福文化，人们自然就想到福建省首字就冠以“福”字。除此之外，诸如福州、福清、福安、福鼎、福宁、福唐、永福等古今地名，无不隐现福文化的历史身影。福建古称“闽”，唐开元二十一年（733年），取福州与建州的首字设立福建经略使，这是历史上首见“福建”之称。元至元十五年

（1278年）设置福建行省，这是福建称省之始。

自唐开元以来，福建的名称始终福字当头，美好的寓意延续千年。作为福建首府的福州，其名称同样富有含义。唐开元十三年（725年），闽州都督府改称福州都督府，此为福州名称出现之始。据说其因州城西北有福山，遂改名为“福州”，民间因此流传俗语曰：“福州、福州，有福之州。”

至于其他以“福”字冠名的古今地名，如福清古称福唐，福安古为福宁府，还有福鼎、永福（今永泰）等，与“福”字都有不解之缘。由于这些州郡府县都是“福”字当头，后来民间俗语说：“福地福人居。”无论是有福之省，或是有福之州，时至今日，八闽儿女在这块福地上安居乐业，其乐融融，福文化的魅力也在“福地福人居”这句俗语中得到最好的诠释。

随着福文化的普及，福建民间传统艺术领域也出现许多与之密切相关的艺术元素。除了戏曲和歌舞之外，在木雕、石雕、漆艺、瓷雕、泥塑、剪纸、年画乃至书画等领域，福文化的影响几乎无处不在。在这方面，尤以明清近代福建民间各类木雕、石雕、漆艺、年画等传统装饰艺术领域展现的各种祈福题材图案最为丰富，最具特色。其构图的主要物象有福禄寿三星、天官、蝙蝠、龙、凤、麒麟、象、鹿、牡丹、月季、梧桐、荔枝、佛手、石榴、灵芝、瓜瓞、如意等，多达几十种。通过象征、借喻、谐音等艺术表现手法构成的福文化图案丰富多彩，生动有趣。诸如福禄寿、天官赐福、五福临门、迎祥纳福、百福、花开富贵、富贵连绵、瓜瓞绵绵等，这些传统祈福图案像一幅幅绚丽多彩的画卷，从一个侧面显示了福建福文化的历史面貌。

福禄寿。古代民间俗语说："人间福禄寿，天上三吉星。"古人认为福神源于福星，三星殿里供奉的福、禄、寿神像，主宰着人间的幸福、富贵和长寿。在某种意义上，可以说福禄寿三神是古代民间福文化的"形象代表"，深受民间大众的崇拜和喜爱。人们还将之雕刻于门窗、屏风等建筑构件，作为吉祥物与之朝夕相处。

天官赐福。各地民间的木雕、石雕，或年画、剪纸中，往往可见"天官赐福"的图案。天官冠带齐整，手托吉祥物，笑容可掬。古人认为，"天官赐福、地官赦罪、水官解厄"，因此各地还常见天官与地官、水官汇合一起的图案，称为"三官赐福"。此类雕刻在福州三坊七巷古民居以及清代南安蔡氏古民居的屏风柱头等处仍存。

五福临门。此类图案中间往往刻一个"福"字，或是一只大蝙蝠，四周各刻一只小蝙蝠。"蝠"与"福"同音双关，寓

◎闽南民间的"福禄寿"石雕

意“五福临门”，此为各地民间常见的图案，人们广泛以之祈福。如清代闽侯南屿民居门窗的“五福临门”木雕图案、清代南安蔡氏古民居的“五福临门”石雕等图案，都生动有趣，富有特色。

五福拱寿。此类图案一般以五只蝙蝠与寿字构图，上下左右四只蝙蝠，加上中间的一只，围绕着寿字或圆形团寿图，寓意“五福拱寿”。旧时泉州（今鲤城区）、南安、晋江以及漳州等地古民居的门窗、壁堵等建筑构件中，往往可见此类装饰图案。

百福。古代各地民间常见的屏风以及果盒、供盒等木漆器，往往雕刻或绘有“百福”等文字图案，寓意“百事如意，幸福长久”。如莆田市博物馆收藏的一件清代漆金木雕馔盒，

◎福州三坊七巷“天官赐福”木雕

盖为黑地刻竹描金并附题句，盒顶面红地浮雕八果形碟，盒身四面黑地阴刻“百福”金字。该馆收藏的另一件清代漆金浮雕馔盒，红地，盒顶面漆金浮雕瓜果八个，盒身四面浮雕“百福”篆字。在金漆的折射之下，一百个金光灿灿的“福”字，到底蕴含着怎样深沉的祈福意愿，也许只有身临其境的人才能领悟其中的真谛。

福寿双全。一只雕刻成蝙蝠状的仙鹤，仙鹤寓长寿，蝙蝠寓福，将象征长寿的灵禽仙鹤，雕刻成蝙蝠的形状，合寓“福寿双全”。福州民间珍藏的这一对木雕，造型独特，颇有意韵。

四多。以佛手、石榴、荔枝、寿桃构图，其后衬以盘长图案。佛手寓多福，石榴寓多子，荔枝寓吉利多财，寿桃寓多寿，全图寓意“多子多福，福寿绵绵”。

一些木雕、石雕、漆器还以佛手、桃和石榴组合“福寿三多”“三多九如”等图案，也含“三祝”之颂，即以佛手寓多

◎清代莆田金漆木雕“百福”馔盒

福，以桃寓多寿，以石榴寓多子孙。

除此之外，在福建民间传统年画、剪纸等领域，福文化的艺术表现形式同样多姿多彩。如清代漳州木版年画“簪花·晋爵”，因其传统的祈福寓意而深受大众青睐；漳州木版年画“梅花福”，福字内以梅花填空。梅花因其有五瓣，又称“五福花”，古人以之象征“五福”。以福字与“五福花”叠加构图，表达了“梅开五福”的吉祥寓意。漳州木版年画“梅花福”与“梅花寿”往往结对张贴，在红火艳丽的色彩之下，祈福祈寿，相得益彰。

如今，人们赋予传统的福文化以新的时代内涵。现代社会传播的福文化主要包含知福、惜福、积福、修福、造福、享福等内涵。有福之地的福建人民，正在大力弘扬新时代的福文化，迈向幸福的新生活。

解码福建福文化，守护八闽文化根基

黄安民

“福”是中华民族对美好生活的期盼祈求和表现形式，福文化是中华传统文化重要组成部分，是中华传统文化的优秀基因。中国共产党高度重视中华优秀传统文化，党的十八大以来，习近平总书记大力传承中华优秀传统文化，赋予中华优秀传统文化以时代内涵，运用中华优秀传统文化治国理政，将中华优秀传统文化提升到崭新阶段，有力地凝聚了民族精神，得到全世界中华儿女高度认同，将中华优秀传统文化转化为实现中华民族伟大复兴、构建人类命运共同体的强大精神力量。党的十九届六中全会强调，全党必须永远保持同人民群众的血肉联系，践行以人民为中心的发展思想，不断实现好、维护好、发展好最广大人民根本利益，团结带领全国各族人民不断为美好生活而奋斗。这是中国共产党人为中国人民谋幸福、为中华民族谋复兴的初心和使命。

福文化的内涵也正是这一思想的体现。

福建省是以“福”命名的省份，福文化在福建有着深厚底蕴和历史传承，推进福建福文化基因解码及福文化谱系建设是福建福文化内涵挖掘和理论阐释的重要逻辑支撑。通过对福建福文化基因解码及福文化谱系构建，解码福建福文化基因，挖掘福文化精神内涵和时代特征，守护八闽文化根脉，推出八闽福文化品牌，擦亮福建福文化标识，建设福建福文化载体，构建八闽福文化基因库，策划福文化转化利用项目库，有利于提升福建文化软实力，打造福建文化强省。

传统之“福”：“福”及其文化内涵

“福”字最早见于甲骨文，为“双手举酒祭天”的会意文字，与祭祀祈祷有关，创造这个字的用意在于“用美酒祭神，祈求富足安康”。《说文解字》有言，福，“佑也，从示，畐声”，有盛满贡品供奉祖先或神灵，祈求得到庇护之意。中国的福文化早在先秦时期已经逐渐形成并具有了丰富的内涵，中国福文化在诸如《诗经》《尚书》《礼记》等先秦典籍中已有体现——“富，福也”（《毛诗故训传》），“千禄百福”（《诗·大雅·假乐》），“富也者，福也”（《礼记·郊特牲》），“福者，备也。备者，百顺之名”（《礼记·祭统》）。在古代福文化中，“福”与佑、吉、祥、顺等常联系在一起，“福”是人们一切美好的过去、现实、愿景和想法，也是人生追求的理想目标。

《尚书·洪范》中关于“五福”的概念：“一曰寿，二曰富，三曰康宁，四曰攸好德，五曰考终命。”长寿是命不夭折而且福寿绵长；富贵是钱财富足而且地位尊贵；康宁是身体健康而且心灵安宁；好德是生性仁善而且宽厚宁静；善终是生命即将结束时，没有遭到横祸，身体没有病痛，心里没有挂碍和烦恼，安详、自在地离开人间。

八闽之“福”：福文化是八闽文化的精神内核

福建、福州分别是全国唯一以“福”字冠名的省份和省会城市，是一个纳百祥、聚万福之地。要追溯福建何以谓“福”，需要从福建省名的由来说起，福建是福州府（今福州市）和建州府（今建瓯市）各取首字而来，而福州何以谓“福”呢？“福州”一词由唐开元十三年（725年）始用，因州城西北有福山，故得名。而对于福山何以谓“福”，《郡国志》有载：“上有神人裸身散发，人见之必获福，因名。”因此，今日所言福建之“福”源自千年前位于今福州西北名曰福山的一个传说，福建这一称谓至今已有1200多年的历史。

福建的福文化和其称谓密不可分，更和在这片土地上孕育的诸多传统文化有着千丝万缕的联系。福建自古有“八闽大地”之称，孕育在这片热土上的文化包括朱子文化、红色文化、闽南文化、闽都文化、客家文化、妈祖文化、海洋文化等。朱子文化源自儒家文化，讲究修身和出世，追求天下大同；红色文化的内涵是人民为了追求美好生活而开展的斗争和革命；闽南文化、客家文化、妈祖文化具体表现为人民祈求安宁康健的美好愿望。一言以蔽之：八闽诸文化是福文化在福建的具体表现，“福”是八闽诸文化的追求。

现代之“福”：传承福文化，提升民生福祉

对中国传统福文化和福建诸文化中的“福”内核的研读

中，在对于传统福文化积极性和优越性赞叹之余，还应对其局限性有所思考。传统之“福”的重要不足在于少有思考“福”的供给。“福”似乎是天然存在的，只要人们一心向善，加强个人修养，“福”就能够自然而然地获取。这是一种被动的、祈求式的“福”之态度，显然也是难以实现的。新的时代，除了要继承传统福文化的精髓，引导人们勤修私德，“祈福”和“求福”之外，还要拓展福文化的内涵，把“福”与建设中国特色社会主义紧密结合起来，激发人民当家作主的主人翁意识，完善社会治理，拓宽“福”的公共供给，“造福”人民。在中国传统的福文化中，“福”更多是个人层面的追求，而当今社会对“福”的向往和追求应当是以国家、民族甚至是人类种群为单位的群体性意旨。所以，关于福文化的供给侧均应有新时代的新内涵，国家层面应倡导人民为实现群体性的美好生活而奋斗，最终实现人类命运共同体的美好愿景。个人层面应转变观念，将自发追求转变为自觉追求，让人们对福文化的继承和发展转变为发自内心的自觉行为。

具体到福建，应从上层建筑对八闽福文化进行统筹、发掘、转化、利用，促进福建“山海画廊，人间福地”的福形象塑造与传播，解读福文化的福建基因，提炼福文化的福建标识，讲好福文化的福建故事，传递福文化的福建声音，展示福文化的福建形象，推出八闽福文化品牌。全面调查摸底福建福文化精神内涵，形成八闽福“文化元素一本账”“特色文化一张表”“文化传承一批码”“转化项目一个库”，选好八闽福文化标识，打造一批在国内外有标志性影响力的文化标识和精神标识项目，构建多层次有特色的八闽福文化标识体系，不断增强人民群众对八闽福文化的认同感、归属感和自豪感。

2021年3月，习近平总书记在福建考察时指出，“要推动中华优秀传统文化创造性转化、创新性发展，以时代精神激活中华优秀传统文化的生命力。”我们要落实习近平总书记重要讲话精神，解码福建福文化，守住八闽文化根脉，推动福文化创造性转化、创新性发展、全球化传播，将福文化作为全球华侨华人的共同文化认同，作为人类命运共同体的共同的文化支撑。我们要将福建省打造成以人民为中心的、能够代表中国传统文化的、具有群体性意旨的福文化的理论高地、精神属地、创新源地、实践阵地。在创造高品质生活上实现更大突破，为奋力谱写全面建设社会主义现代化国家的福建篇章提供文化支撑。

铸就新时代美好生活的东南福地

管 宁

在生存条件严峻的农耕文明时代，期盼风调雨顺、江河安澜、五谷丰登、四季安康，成为先民们深层的心理诉求，由此孕育出以“福”为核心的丰富多样、系统完备的吉祥文化，成为世界文明的独特创造与民族文化的鲜明标识。随着中国国际地位的提高，中国独特的福文化被世界各国人民所喜爱与接受，成为讲好中国故事、塑造中国形象、推动中华文化走出去的重要方式与载体。

中华大地，福运昌隆

中国福文化源远流长、博大精深，就其深刻的文化心理而言，是中国人对美好生活的无限向往和对理想社会希冀的文化表征，体现出比其他民族更深沉、更强烈的生存意识和理想追求。

福文化虽是源自民俗文化，却因表达了古代社会人们渴望幸福美好人生的普遍心理，逐渐扩展至皇家贵胄和文人士大夫阶层，延伸到社会生产和日常生活领域，渗透进政治、经济、文化心理和生活形态诸多方面，构成中华儿女普遍认同和推崇的深层文化基因，成为维系中华民族共同体的坚韧纽带。

在艰难困苦中，华夏子民抱定天佑中华、祸尽福来的信念，守望相助、捍卫尊严，终究度过晦暗风雨，迎来曙光。在落后年代里，中国人民海纳百川、萃取先进，执着于迎头追赶、寻求幸福，终究使中华民族以伟岸身躯，屹立于世界民族之林。在和平岁月里，中国人民既能知福惜福、感恩时代，又能常怀远虑、居安思危，开启新的征程，造福未来。在环球世界中，中华儿女无论是何阶层、何种身份，也无论是漂洋过海、身处异乡，都流淌着福文化的血脉，传承着祈福祝福的美好心愿和行为习惯。

今日之中华，可谓生机蓬勃、福运昌隆，但这绝不是单纯的祈福、寻福所能达致，而必须经历和付出艰难的探索、艰辛的努力。中华古老文明现代化的亮丽转身，得益于中华文化智慧之源，也泽惠于深植民族深层心理的小康梦想与幸福追求，这是潜隐在中国人内心深处的理想期盼，一旦条件适宜，便会迸发出不可遏制的巨大力量。古老文明现代转型步履维艰，新生政权社会革命曲折坎坷，改革开放前无古人、如履薄冰，解放思想、实事求是、勇毅前行，无不需要过人的勇气、坚强的毅力和坚韧的信念。中国人民对现代化的向往与幸福生活的执念，构成摆脱贫困、实现富裕的内生动力，经千难而百折不挠、历万险而矢志不渝，成为中国式现代化道路上越过险滩暗礁、荆棘载途而无所畏惧、所向披靡的伟大力量。步入21世纪，在全面实现小康社会的“两个一百年”奋斗目标历史交汇点上，实现中华民族伟大复兴的“中国梦”，成为当代中华儿女发自内心的祈愿与祝福，我们唯有以踔厉奋发、奋楫笃行的实际行动奋进新征程，方能百福具臻，实现“中国梦”的宏伟夙愿。

东南福地，实至名归

福建省是改革开放的前沿，也是闽文化的衍生地，无论是历史地理，还是文化特质，抑或是生态环境，都具有浓厚的中华福文化内涵与底蕴，并有鲜明的地域特色。

纵观中华大地，唯有福建是多个省市地名中含“福”字的省份：福建、福州、福清、福鼎、福安，形成“五福福建”的吉祥寓意。省会福州被冠以“有福之州”，福道、祈福台、福字坪以及“福”题刻遍布市区，目前正致力打造幸福之城；福清地名得自“山自永福里，水自清源里”之“永福”“清源”，辖区内有诸多带“福”字的乡镇和寺庙；其他如福鼎、福安，或有“做福”传统，或有皇帝赐名之誉，皆与“福”结下不解之缘。

在新发展阶段，福建聚焦打造福文化产业和福文化品牌。妈祖文化本身就是祈福的民间信仰，“全福游，有全福”做足福字寓意，“福”字号产品享誉国内，红色文化底蕴得到深入挖掘，祈福崇福成为福建突出而鲜明的文化标识。

福建人没有停留于福文化的浅层蕴含以及挂福显福的表面运用，而是深层传递和践行福文化祈愿美好生活的内在底蕴；深知幸福生活不会从天而降、唾手可得，深谙创造性的辛勤劳作本身就是一种造福行为，是福文化的最高境界；要把有福之地变成现实的小康之地、幸福之土，必须付出艰辛努力。豪侠仗义、回馈桑梓的闽商精神，敢冒风险、四海为家的闽侨特质，海纳百川、敢拼会赢的福建精神，无不体现着开拓探索的进取精神、顺势有为的造福担当，这一切使得这片东南沃土涌溢着创新创业、勠力前行的昂扬之气。

正是这片充满生机活力的热土，成为习近平新时代中国特色社会主义思想的重要孕育地和实践地：“四进万家”“四下基层”体现了人民中心思想；“马上就办，真抓实干”展现了勤政为民的使命意识；“数字福建”呈现出倡导新科技的前瞻视野；“绿水青山就是金山银山”形成了全新生态文明思想。东南福地孕育新思想，新思想指导新实践，也是福建人民的特别福分。

两岸融合，福泽千秋

两岸融合、祖国统一，是全体中华儿女的共同祈愿与祝福。福建与台湾一水之隔、同根同种，命运相系、福运相连。探索海峡两岸融合发展新路，是习近平总书记对福建的殷切嘱托与期望。他在福建工作期间，就高度重视祖国统一和对台文化交流工作，指出福建最大优势是对台，创新开展制度建设、项目推动等各项对台工作，留下重要实践成果与精神财富。

为谱写“两岸一家亲”的福建篇章，福建努力建设两岸往来最便捷、合作最紧密、政策最开放、服务最贴心、交流最活跃、情感最融洽的第一家园，秉持以通促融、以惠促融、以情促融理念，持续加强政策体系、平台构筑、协同机制、项目带动、人才集聚等方面的完善与推进，不断密切两岸经济融合、经贸畅通、文化交流、社会交往，最大限度发挥对台优势，最大力度推动融合进程，造福中华，泽被千秋。

福文化是连接海峡两岸的重要文化纽带，妈祖、保生大帝等信仰在闽台文化交流中有广泛坚实的民众基础，是构成两岸文化融合与民心交流的重要黏合因素。在湄洲岛举办的妈祖文化节，吸引众多台湾进香与探亲团队。共同信俗、共同血缘、共同祈愿，连接起两岸民众之心、同胞之谊。一年一度的保生大帝绕境巡安文化节，将两岸专家、民俗团队、海内外信众聚集在瑞青宫共同祭奠。闽王王审知的研究交流，将两岸专家学者、广大信众紧密联系在一起。体现祈福祝太平主题的“天中海会祝太平”两岸青年民俗游学活动，加深了闽台青年之间的交流互动。民俗信仰交流互动，构筑了日益稳固的两岸一家亲文化认同与心理基础；两岸学术文化、图书出版、青少年文化交流蓬勃开展，建立起更加广泛多元的连接纽带。“园山大讲坛”、“两岸出版高峰论坛”、青少年“桑梓同心”研习营等一系列文化交流活动，持续增进两岸同胞民心相通，拓展两岸共同事业，继承中华优秀传统文化，造福两岸，为不断促进两岸融合发展发挥了重要作用。

福以德昭，享以诚接。中国式现代化的历史进程，离不开全国人民共同祈福与奋力推进；中国梦的宏伟蓝图，离不开全体华夏儿女无私奉献与倾心描绘；中华昌盛福运的延续，离不开优秀传统文化的智慧滋养和智力支撑。在全面建设社会主义现代化国家的新征程中，祖国的东南福地正致力于新发展阶段新福建建设。我们既要激发人民渴望幸福生活的内在动力，更要善于将祈福心愿转化为价值体系的自觉建构，在创造美好生活的过程中，不断确立和完善中国自身的现代化标准、美好生活的独特内涵与和谐幸福的价值理念，形成具有鲜明时代特征和中国文化标识的人类文明新形态。

居健康福地，做有福之人

宋美杰　吴骥南

健康是实现幸福生活的前提，是福文化的题中应有之义。《尚书·洪范》称“五福”：一曰寿，二曰富，三曰康宁，四曰攸好德，五曰考终命。“寿、康宁、考终命”，“五福”中有“三福”都与健康密不可分。习近平总书记指出：“健康是幸福生活最重要的指标，健康是1，其他是后面的0，没有1，再多的0也没有意义。”随着经济社会发展水平和人民生活水平不断提高，人民群众更加重视生命质量和健康安全，向往高品质的健康之福。福建位于祖国东南沿海，空气清新，气候宜人，是宜居、宜养、宜游的有福之地。作为全国唯一名称中带“福”字的省份，应积极打造“健康福地”品牌形象，以高质量健康促进高品质生活，让福建人民真正成为“有福之人”。

居清新福建，享生态之福

福建是天赐的绿色净土，享有“山海画廊，人间福地”的美誉，是全国首个生态文明试验区，生态文明指数全国第一。“十三五”期间，福建成为全国唯一保持水、大气、生态环境全优的省份。全省森林覆盖率66.8%，连续43年居全国首位。正所谓福山福水好福气，福建的绿水青山是金山银山，也是延年益寿的福山宝山，生态美为健康福提供了坚实的保障。

一是享清新之福。“清新福建”是福建的金字招牌，福州、厦门空气质量常年位居全国前列；三明是中国最“绿”的城市，也被称为“中国绿都”；武平、永泰、德化、建宁等10个县荣获中国气象局发布的“中国天然氧吧”称号……

二是享景观之福。“福人居福地，福地福人居”，在尊重自然的基础上，福建把福文化融入日新月异的城市建设中，积极打造“推窗见绿、出门进园”的诗意栖息空间，让美丽家园处处见“福”。福州市加快建设“有福之州”“大美之城”，国内首条树顶漫步道“福道”寓意“福荫百姓，道法自然”；厦门则以其“高颜值”被中央广播电视总台评为2020年中国最具幸福感城市。

◎“福道”

三是享汤泉之福。“汤涌三山，福泽榕乡”，其中的“汤”即指温泉。闽都1700多年的温泉养生文化是福文化的重要组成部分。福州是“中国温泉之都”，拥有世界级的温泉资源，泉脉贯穿市中心。这些终日氤氲着热气的金汤，富含偏硅酸、氟等多种有益于人体健康的矿物质和微量元素，大部分达到了医疗矿泉水的标准，具有良好的医疗保健价值。

居物饶福建，享养怡之福

“盈缩之期，不但在天；养怡之福，可得永年。”做有福之人，既要尊重自然规律的“天命”，也须寻一处山清水秀、人文荟萃的福地洞天。福建面海靠山、物产丰富，是中国甘蔗、茶叶、亚热带水果的重要产区，食用菌产量全国第二，海水养殖产量、远洋渔业产量、水产品出口额、水产品人均占有量等指标全国排名第一。不仅培育了安溪铁观音、武夷岩茶、福鼎白茶、平和蜜柚、古田食用菌、光泽肉鸡等特色农产品，还盛产大黄鱼、鲍鱼、鳗鲡、对虾、石斑鱼、海带、紫菜、牡蛎、海参等海珍品。身处福建这个“健康福地”，山珍纷呈，海味鲜美，树茂花繁，果甜茶香，对于健康养生大有裨益。

一是享舌尖之福。闽菜之福在于将日常饮食与中医养生、中草药结合，闽药的“福九味”建宁莲子、太子参、金线莲、铁皮石斛、薏苡仁、巴戟天、黄精、灵芝、绞股蓝常出现在福建人的餐桌之上。“山药莲子五指毛桃姬松茸鸡汤”等闽菜药膳运用福建道地药材、特色食材，既满足了舌尖上的美味，又达到了提高免疫力的效果。随着人们的饮食需求从“吃饱”转向“吃好”，吃得安全、健康，闽菜受到了普遍欢迎，焕发出新的生机与活力。

二是享吉祥之福。祭祀所用供品被称为“福物”或“福食”，祈福后把祭品分别送人叫“致福”“归福”，由此引申出“幸福”之义。福州冬至搓粣结束后，就会把福橘分给家中的小孩，意为把“福”传递到下一代。闽南人办喜事、建新房等都少不了“封肉”。四方形封肉恰似封王的大印，用黄巾包裹，包为“封”，封者，“敕封”，寄托了富贵临门的寓意。“竹香南日鲍”以莆田南日镇鲍鱼为主菜、蛋为配菜，用元宝造型器皿装盘。“鲍”谐音“保”，“元宝”谐音“永保”；蛋代表平安、喜庆，寄托了“福佑众生”的寓意。长汀河田鸡具有“三黄三黑三岔冠”的典型外貌特征，其美味与寓意让其成为客家年夜饭中必不可少的一员。闽南俗语有“煎粿蒸糕‘发’新年”之语，碗糕则代表了闽南人发达、发财、发家致富的美好期待，不仅作为日常的甜点，还兼具“福食”的祭祀功能。福州菜佛跳墙原名“福寿全”，不仅将八闽物产融于一坛，还体现了对全福的期待，充满吉祥如意、福寿平安的象征意味。

三是享茶饮之福。福建茶“多彩”，红茶、绿茶、白茶、乌龙茶等争奇斗艳，茶饮之福在于可享安溪铁观音、武夷岩茶、福鼎白茶、坦洋工夫茶、福州茉莉花茶等各具特色的茶叶品类。茶叶富含茶多酚、咖啡碱、茶氨酸等植物化学物质。福建的茶文化造就了一种知福、惜福、慢节奏、细品味的高品质生活模式。遍布福州公园、历史文化街区的大众茶馆中，人们香茗在盏、知己相伴，或俯瞰湖景，或欣赏评话、伬唱等传统曲艺表演，亦是一种唾手可得的小确幸。“浓非厚，淡非薄”不仅是茶的哲学，也是幸福人生的哲学。

居健康福建，享考寿之福

人命之重，有贵千金。五福之首为“寿”，健康长寿是人们自古以来最为重要的期盼之一。《诗·大雅·行苇》有“寿考维祺，以介景福”。《小雅》中的《楚茨》《信南山》《甫田》等诗的末尾均有祭祀祝词“报以介福，万寿无疆”一语。福建家训、家礼、乡约中都体现了对“寿”和“孝”之福的追求。中科院的一项调查显示，福建的长寿指数排名全国第五，遥遥领先全国大部分地区，这与福建优良的自然环境和气候条件有着密切的关系，同时也离不开福建一流的健康资源和健康服务。

◎美丽茶山（谢旭东　摄）

一是享运动之福。“无病之身，不知其乐也，病生始知无病之乐”，运动是良药，更是疾病预防的重要手段。福建体育产业领先全国，不仅拥有安踏、舒华、匹克、特步等品牌，体育产业增加值和生产总值占比位居全国第一。福建具备海洋、岛屿、港湾、沙滩等滨海运动资源，为省内外游客提供了“运动+度假”的新健康旅行模式。闽西、闽东、闽北因其山地优势，登山步道、骑行道等全民健身设施随处可见。居福建既可游生态山水，又可享户外运动，无论是厦门环岛跑一场马拉松，还是围观冠豸山国际自行车赛，或者到汀江参与龙舟文化节，都增强了群众参与健身的获得感和幸福感。

二是享医改之福。医疗与养老工作成为享考寿之福的基础性条件。福建省把人民健康放在优先发展的战略地位，其中三明医改从“以治病为中心”转向了“以健康为中心”，已作为医改样板向全国推广。当下福建正全方位构建幸福养老服务体系，已基本实现“一市一县一中心、一乡一镇一敬老院”布局。三明市沙县区农村“幸福院+乐龄学堂”、泉州市创新“爱心午餐+互助养老”模式、平潭综合实验区推出“居家养老服务卡”电子化结算、南平市松溪县中医药领航医养结合等一批新经验新做法，让老年人从“老有所养”到“老有颐养”，享居福建之“考寿之福”。

三是享闽药之福。中医药学凝聚着深邃的哲学智慧和中华民族的健康养身理念及其实践经验。福建中医药历史悠久，林如高骨伤专科、南少林正骨、董奉杏林文化、苏颂本草、仁斋医理等医家流派和品牌，塑造了福建独特的中医药文化体系。福建中医药文化资源丰富，拥有漳州片仔癀、厦门八宝丹与新癀片、泉州（龙岩）万应茶、泉州赛霉安、三明痛血康胶囊、永春养脾散、老范志万应神曲等优秀中成药品牌，通过开发特色医疗、中医药养生、森林康养等健康旅游产品，让福文化在传承中进一步升华，为福建高品质生活和考寿之福提供有力保障。

福在中国文化中的含义不止于物质满足，更是和谐身心、宽广仁厚、砥砺前行的精神力量。健康也不止于身体没有疾病，更具有高品质生活的丰富内涵。在福建这片健康福地，“百姓富、生态美”滋养了福建人福安、长乐的知足精神，去积福、享福；“机制活、产业优”激发了福建人爱拼会赢的进取精神，去造福、修福。祈福之人本就是赐福之人，我们要始终坚持以人民为中心的发展思想，积极探索促进人民健康的有效路径，努力在创造高品质生活上实现更大突破，让人民生活更健康、更舒适和更幸福。

推动福文化发展，凝练“新五福精神”

王毅霖

华夏福脉，源远流长

中华文明五千年，福文化同样源远流长，它承载着有文字以来整个民族对美好生活的向往。

《说文解字》云：“福，佑也。从示，畐声。”甲骨文的“福”字意为双手奉酒祭祀祈祷，祈求神明佑护。作为华夏先民的共同梦想，许多先哲和典籍对此多有论述，可以视之为最早对福文化内涵的阐释和论证。他们不断见证和推动这个概念的发展，促使这一祈求于神明庇佑的活动延伸到人对人的祝愿、人对事物或心灵的追求，以及对美好生活的祈望。

随着时间的推移，“福”概念所指涉与涵盖内容不断地扩展。最早对“五福”作出系统阐释的《尚书·洪范》载云：“一曰寿，二曰富，三曰康宁，四曰攸好德，五曰考终命。”“五福”的提出，可以视为传统文化对于古代华夏人民幸福感的归纳和界定。数千年来，普通劳动人民的生活愿景大概都可能被归纳在这“五福”之中。

作为中国传统文化的内核，福文化在漫长的历史过程中，已超越了“五福”所能涵括的范围，并最终成为中国传统吉祥文化的代表。从传播的角度上看，福文化具有强烈的渗透力，不仅在中华民族中成为共同认可的观念，对于东南亚以及全球其他国家，都有着较强的影响力。这不仅在于地缘和交流的关系，更关键在于人们有着共同美好的理想和愿望。

八闽福地，海西福人

全国以“福”命名的省份唯有福建，全省带“福”字的市县也有多个，仅在福州，带“福”字的村（居委会）、街道、路名就有几十个，是公认的有福之地、有福之州。

追溯闽地福文化的源流，一般认为，闽人的福文化传承自中原。最为显著的是唐代时期中原的大量移民，前有陈政陈元光父子的开漳，后有王潮王审知兄弟的开闽。后世许多在外的闽人被称为“福佬”，这种称呼其实道出了福建人血缘和文化的脉系来源——“福佬”在闽南语中与“河洛”同音，即中原河洛。

唐代的福建文化，所表现的是以承传的中原文化为主，并且与闽地蛮荒文明的相互砥砺和融合为表征。宋代开始，这个地处东南一隅的省份，政治、经济、文化等方面都得到全方位空前的发展，理学集大成者朱熹更是促使福建成为当时全国的儒学高地。与宋代福建文风炽盛息息相关的是，刻书业的高度发达。是时，建版图书随着福建造的“福船”，远播日本、朝鲜半岛以及东南亚各国。于是，这种带着闽地印记并属于中华民族对美好生活向往和追求的共识传向世界，建阳这一文献典籍之邦也因此成为一个时代的文化高地。元代的泉州港、明清的漳州月港，以及清末的福州港、厦门港，见证了闽地本土文化与中原文化、外来文化的激荡和融合，并成就了福建区域文化“后来居上”的特质。这一方水土，有着许多历史的开拓者，今天，仍然有诸多重要的文化遗产、历史物件以及风俗习惯，见证了这种文化特质。包括漂洋过海出口东南亚以及欧洲各国的克拉克瓷、德化陶瓷，迄今流传的过番歌，九日山上祈风求福的石刻等等，都是各个时期闽地特殊的地理环境和特殊文化的交融下，福文化的特殊表征。这是一种开放性的福文化，激荡与融合使之形成了区域的特质。

考察福建传统福文化，大致包含这几部分：其一，历史遗存之“福”。包括图腾、祖先和自然崇拜，如福建各地尚存的蛇崇拜、顺昌的猿猴崇拜、宁化石壁的客家祖先崇拜，以及各地的榕树、樟树崇拜；宗教信仰，如妈祖、临水夫人、保生大帝、三平祖师、清水祖师等。其二，闽籍先贤的文脉之“福”。有帝皇的赐福，如清乾隆年间，乾隆皇帝对甘国宝的赐书“福”字；有文人的祝福，如朱熹曾在福建留下多个“福”字刻石；有民族英雄激励与警示之“福”，如林则徐的“苟利国家生死以，岂因祸福避趋之”。其三，百姓生活的憧憬之“福”。比如，各地庙会和祈福活动、贴福字、卜卦求福、逢年过节和婚丧喜庆的吉语祝福，以及民间的各种抢福、摸福活动等；民间的日常生活与文艺表现中的年画、刺绣、剪纸、对联，以及在衣食住行中各种民间日常生活物件的纹样设计等。

匠心造福，福泽东南

“爱国爱乡、海纳百川、乐善好施、敢拼会赢”，这是当代福建人共同的理想精神。这种精神，与福建人民对幸福的理解与追求息息相关，甚至可以认为是福建福文化精神层面的指标。时代在不停地发展与变迁，敢拼会赢的福建人所向往与追求的幸福生活自然也在日益产生变化。

把握新时代与新形势下福建福文化的表达和传播，必须明确福建当前的时代、地理和文化背景，包括我们所处的数字化时代与当前的疫情时期，包括全国历史性完成脱贫攻坚战并进入实施乡村振兴战略的衔接时期，还包括福建作为21世纪海上丝绸之路核心区、两岸融合发展示范区的特殊文化地理背景等。如此，如何讲好福建故事，表达好新时代福建人对美好生活的追求与梦想，传播好新时代福建特色的福文化，是当代福建人的一个重要任务。

今天，许多视觉艺术和民间工艺成为福建的福文化表达的重要载体，包括剪纸、漆艺等以及许多建筑和日常生活中或隐或现与“福”字相关的吉祥图案，它们表现出了艺术家个人和时代的创新性和创造性。

凝练“新五福精神”

为推动福建福文化的创造性转化和创新性发展，打响福文化品牌，时代要求福建必须凝练“新五福精神”。传统“五福”观在不断地演变发展，东汉桓谭的《新论》定义“五福”

为“寿、富、贵、安乐、子孙众多”。后来，“五福”又演变为“福、禄、寿、喜、财”。当前，福建要以“新五福精神”构建新时代福文化的文化地理标识，力争创造出一批响应时代、讴歌人民、有理想、有特色的福文化文艺精品力作，以精品力作讲好福建故事，并以此推动福建的文化强省建设。

“新五福精神”包括：

一、拼搏“福”，包含闽人敢拼会赢的精神。历代闽人越过茫茫大海，过台湾、到南洋，到更远的他国开拓、闯荡与拼搏，寻找生活的梦想。今天的福建人，应当继承和发展这种闯荡与拼搏的精神。

二、海丝“福”，包含海纳百川的精神。福建是海上丝绸之路重要的起点之一，这促使闽人形成了海纳百川的文化包容精神。

三、超越“福”，这是后来居上的精神。这一精神要求当代福建人要把握时代的先声，敢为人先，要勇立民族改革开放的历史潮头，不断超越自我、超越历史、超越同辈。

四、生态“福”，这是呵护绿水青山的精神。“绿水青山就是金山银山”，做好生态“福”的文章，是为福建子孙后代谋福祉的大事业。

五、大爱“福”，这是乐善好施的博爱精神。福建的民间信仰众多，妈祖信仰影响力最为深广，这种大爱的传递，是从莆田的海岛渔村，扩展到福建、到两岸、到全国、到东南亚各国、到全世界，这是一种精神的庇护。疫情时代，我们更加深刻理解到平安是福；疫情时代，许许多多的逆行者与志愿者使我们深刻理解到大爱是福。福建人面向时代、面向国际，更要以大爱为福。

福文化是中华优秀传统文化的重要组成部分

张文彪

在中华传统文化中，追求幸福生活的所有生活观念和价值理想都集中体现在福文化之中。“福”乃“福、禄、寿、喜、财、吉”六大吉祥之首，“求福、纳福、惜福、祝福”又是各种文化现象的概括和代表。一个“福”字，背后蕴藏着巨大的文化价值，寄托了整个民族对幸福生活的向往和对美好未来的祝愿。

今天，我们大力弘扬福文化，就是要通过深入挖掘福文化在传统文化中的深刻意涵，使其成为中国文化最醒目的代表之一。进入新时代以来，中国共产党人将为人民谋幸福作为自己的初心和使命， 把共享作为发展的出发点和落脚点，科学谋划人民福祉和国家长治久安，充分彰显了党的初心使命与几千年传统福文化所折射出的中华民族价值观的和谐一致。

深入发掘传统福文化的精髓

福文化是中国最古老的传统文化之一。时至今日，我们仍能从大量的典故、吉语、民俗等福文化之中窥探其过往的繁荣盛景。

最早的“福”字出现在中华民族“最早的文字”——甲骨文之中。在已出土的甲骨文中，“福”字虽然有很多种写法，但都无一例外地与丰富的物质需求有关，寄托了人们渴望得到田地、满足温饱的朴素愿望。

之后，对于“福”的理解、传承，每个时代都有不同的诠释。《尚书·洪范》中又引申出“五福”的概念：“一曰寿，二曰富，三曰康宁，四曰攸好德，五曰考终命。”即长寿、富足、安宁、遵行美德、老而善终，体现了中国文化的义利统一和“德福一致”的幸福观。显然，《尚书·洪范》中的“五福”是既包括“个人幸福”，也包括“社会幸福”，其所希求得到的幸福不是在彼岸世界，而是就在“此世此地”。尤其是儒家讲求“内圣外王”，首重“修己”，“修己”的宗旨不是追求“个人幸福”，而是通过“希贤”“希圣”，提升个人的道德境界乃至实现“社会幸福”。在儒家的“福”观念中，德是福的基础，福是德的结果。

我们要传承好福文化，就要深入研究和把握传统福文化蕴含的价值精神。

一是世俗精神。从福文化的基本内涵中可以看出，人们对福的理解是非常现实的，大多是日常起居生活所希望的美好状态。这是一种出于对现世幸福生活的渴望而产生的文化心理，它与我们文化传统的核心价值是一致的。在儒家文化中，孔子主张“子不语怪力乱神”，并认为“未知生，焉知死”，孟子则有“君子三乐”说，都把审视世界的眼光放在现存世界，主张在世俗世界中建功立业，在现世当下努力追求实现人生的价值。

二是尚德精神。福文化内蕴着鲜明的扬善抑恶价值取向，这与传统文化以德化视野看待世界的特质相吻合。传统福文化把道德作为福的根本，主张以德求福、德福一致的基本思想，认为不管福的内涵和形式怎么改变，道德始终是其底色和支撑，突出了福文化的本质是传统德行文化特征在世俗领域的特殊表现。在这方面，经典儒学一直到理学时期“二程”和朱熹区分“天命之性”和“气质之性”，都始终致力于有德者得世俗之福的思考。

三是理性精神。福文化深入把握福祸相互转化，以及福本身的质量变化和主体感知的客观差异问题，强调要善于知福、享福、惜福，反对不知足、身在福中不知福。而“吃亏是福”观念的产生是福祸辩证思想的具体化和进一步深化。福文化的理性精神反映的是“以舍为得”的道德智慧和道德境界，是人们克制欲望、修身养性的实践磨炼，是人们在追求世俗幸福道路上的自我警醒，是传统中庸之道在福文化范畴中的应用和体现。

科学评价传统福文化的现代价值

今天，福文化的思想内涵仍在不断拓展，并在社会变迁和发展中焕发出新的活力，践行着中华优秀传统文化的当代意义与价值。尚福的观念和行为可以作为中国传统文化在新时代传承发展的重要载体，为当代人了解、认可、继承和传播中华优秀传统文化提供途径。

福文化中的德福思想与新时代社会建设有着深度的契合性。今天，物质财富已极大丰富，人们对精神的追求远远高于对物质的需求。在历代儒家津津乐道的“孔颜乐处”中，内在包含着“道义之乐”，包含着“仁以为己任”的社会担当意识，亦因此而有“忧”。这种担当社会责任的“忧患”意识与“道义之乐”的圆融，是儒家的道德修养、身心和谐、群己和谐的最高境界。达到这样一种道德境界，就可以在内心产生一种“仰不愧于天，俯不怍于人”“反身而诚，乐莫大焉”的精神状态。

福文化在历史发展进程中乃至于在当今时代，都是民族艺术繁荣的源头活水。一方面，福文化奠定了民族艺术的核心价值取向，集中反映了传统文化基本的、核心的价值理念，如重视家庭、崇尚道德、积极进取等；另一方面，福文化催生了大量不朽的艺术精品，包括书法、绘画、石刻、雕塑、陶瓷、戏曲、诗歌等。福文化的内在精神是中华民族艺术的灵魂，是民族艺术确认自身和文化自觉的精神源头。在当今全球化的语境下，我们更须将之作为一种民族情怀，来巩固强化其对本民族文化及其价值理想的自觉认同与执守的意愿和情操。

一部福文化历史，就是中国人的社会思想、价值观念演变与发展的历史，它包含祈福典故、福神崇拜、祈福民俗、福字吉语等。尤其在春节，家家户户贴春联、拜福神，迎福纳福，可以说是福神崇拜的集中体现。正是在这样一种对福的崇拜与追求中，在不同时代、不同地方逐渐演变出不同的祈福文化。

福建，以“福”字入名，世世代代繁衍生息在这块土地上的八闽儿女，与“福”结下不解之缘。人们以各种形式传承和演绎着福文化，表达着对福的向往与追求。和其他文化一样，福文化必然在每一个时代以自己特定的方式鼓舞和推动着人们走向和把握幸福，必然以特定的方式与现实生活和生产实践紧密关联，这是因为福文化与创造性实践活动是相互统一的，也是与道德化了的中华民族内在精神相融合的。

因此，福文化在福建本土的传承延续中，早已潜化为塑造人们价值理想的精神力量。千百年来，八闽人民精诚团结，勇于追求生活的幸福、心灵的安宁、德福的兼备、家庭的和美、与自然的和谐共处，推动着社会经济方方面面的发展。“幸福都是奋斗出来的”，“奋斗本身就是一种幸福”。正是每一个普通人看似平凡的求福心愿，定义着真实的国家繁荣图景。

积极推动福文化作用于民族复兴

新时代坚持和发展中国特色社会主义，推进全面建设社会主义现代化强国，需要大力弘扬福文化。

第一，从中华民族“根”和“魂”的高度认识与把握传统福文化。中国作为一个多民族的国家，之所以能够在历史上持久保持社会的凝聚力、向心力，原因有很多，其中一个重要原因就是全社会同属一个文化共同体。马克思说：“人们自己创造自己的历史，但是他们并不是随心所欲地创造，并不是在他们自己选定的条件下创造，而是在直接碰到的、既定的、从过去承继下来的条件下创造。”在不断推进马克思主义中国化进程的问题上，我们今天不仅强调要将马克思主义基本原理同中国具体实践相结合，而且强调要与中华优秀传统文化相结合，这种强调就是中华民族的精神基因和文化根脉将使当代马克思主义、21世纪马克思主义更加具有中国特色、中国风格、中国气派和中国形式，在理论上更加鲜明更加彻底地实现马克思主义中国化。这其中必然地包含作为民族文化主体意识之一的福文化。

第二，从坚持新时代社会实践的原则上推动传统福文化展现时代风采。传统福文化绵延至今，是波澜壮阔的社会实践淘洗检验的结果，是中华民族历尽苦难的社会实践结晶。福文化自古以来就特别注重实践性，强调于社会生活中探寻幸福的真谛。这种实事求是的社会实践精神，对于福文化的形成和发展具有决定性意义。习近平总书记说："中国梦，归根到底是人民的梦。中国梦必须紧紧依靠人民来实现，必须不断为人民造福。"中国当今社会的实践充分证明，福文化所蕴含着的革故鼎新、与时俱进的优秀传统精神，深刻滋养着中国特色社会主义的理论与实践。

第三，从不同文明交流互鉴的维度向世界阐发作为中华优秀传统文化重要内容的福文化。着眼当下，应当重视把跨越时空、超越国度、具有当代价值的福文化精神弘扬起来，并面向世界不断把福文化创新成果传播出去。从话语传播上来说，中华传统福文化具有天然的亲和力，容易被国外不同受众所普遍接受，是我们所弘扬的传统和国外所希望了解的他域文化的一个重要结合点。

第四，从坚定文化自信的立场传承弘扬传统福文化。坚定文化自信，就要充分认识传承和弘扬中华优秀传统文化的重大意义。福文化作为中华大地共同乡土社会生态的精神内核，既是一种需要不断返回的绵延记忆，也注定将成为我们看待世界的范式，成为中华民族走向复兴的重要精神动力。进入新时代，中国共产党以科学的理念知福、惜福、造福，保障了幸福的连续性和长远性。这些知福、惜福、造福思想集中体现在以人民为中心思想、生态文明思想、科学发展理念、共同富裕战略等方面，通过以经济建设为中心，解决民生问题，创造物质财富，为百姓谋求衣食之福；创建平安中国，为人民的幸福生活提供安全保障；构建和谐社会，促进精神文明建设，增强人民的幸福感。通过这些不懈努力，使文化自信坚实地植根于中国特色社会主义伟大实践。

福文化与新时代美好生活的三重链接

刘桂茹

中国特色社会主义进入新时代，福文化在新的语境中被不断激活，绽放出多彩多姿的生命力，书写着新时代美好生活的巨幅画卷。福文化为新时代美好生活提供精神价值源流，美好生活是福文化在新时代新征程的历史赓续，福文化助力美好生活的新时代实践，体现了福文化与新时代美好生活的三重链接。

精神链接

习近平总书记指出："人民对美好生活的向往，就是我们的奋斗目标。"《中共中央关于党的百年奋斗重大成就和历史经验的决议》强调，要"使人民获得感、幸福感、安全感更加充实、更有保障、更可持续"。新时代"五位一体"总体布局和"四个全面"战略布局中，人民的获得感、幸福感、安全感成为美好生活的时代注脚。

为人民创造美好生活是中国共产党百年来孜孜以求的价值目标，其丰富的理论内涵和时代意义充分彰显了马克思主义同中国具体实践相结合的鲜明特色。一方面，美好生活的理论逻辑来自马克思主义基本原理的科学指导。马克思主义关于人的全面发展、人民性、劳动学说、共产主义社会等问题的深刻认识，为中国特色社会主义的美好生活提供了理论起点和方向引领。另一方面，美好生活的实践逻辑离不开中国优秀传统文化尤其是传统福文化的精神链接。源远流长的传统福文化与新时代美好生活的向往和追求深度关联，显示出愈发盎然的文化活力。

从先秦以来的典籍记载和诸子百家的争鸣论道开始，先贤哲人就开启了追问和反思“福”的思想求索，各家各派的理论观点不尽相同，但其价值内核和精神追求的公约数逐渐形成影响深远的福文化，为后世描绘出了中国福文化的精神谱系。福、禄、寿、喜、财的俗世幸福观，以及修身、齐家、治国、平天下的美德修为，成为特定历史条件下古人求福盼福的行为规约和价值坐标，浸染了一代又一代中国人的文化心灵、情感认同及道德审美，即使穿越千年时空也依然拥有强烈的时代回响。

新时代人民的获得感、幸福感、安全感正是对“五福临门”“富贵是福”“福星高照”“平安是福”等传统幸福观的新诠释，全面小康、人类命运共同体的新理念与古人关于小康社会、大同世界的想象遥相呼应，与福文化源流所生成的精神旨归高度契合，集中反映出新发展阶段中国人民对于幸福理想生活的诉求与表达。

物质充裕、精神富足、制度公正、社会和谐、生态优美的新时代美好生活图景正徐徐展开，这不仅是中华民族伟大复兴新历史方位的美好构想与价值共识，也是对传统福文化精神向度的内在遵循和创新。

历史链接

古人的哲学智慧里，天人合一、顺应自然、纲常有度、修身养性是追求幸福和获得幸福的基本要义。“皇天无亲，唯德是辅”（《尚书·蔡仲之命》），说的是有德行的人能够得到上天赐福。孔子提倡安贫乐道是为福，“一箪食，一瓢饮，在陋巷，人不堪其忧，回也不改其乐。”孟子把人生“三乐”归纳为“父母俱存，兄弟无故，一乐也；仰不愧于天，俯不怍于人，二乐也；得天下英才而教育之，三乐也”。墨子说：“爱人利人者，天必福之；恶人贼人者，天必祸之。”对美好品行的执着追求，成为传统福文化的核心理念。

中国特色社会主义新时代，美好生活由古圣先贤的文化表达上升为民族复兴的国家目标，福文化也被赋予更加丰富全面的现代内涵。习近平总书记指出：“中国共产党一经诞生，就把为中国人民谋幸福、为中华民族谋复兴确立为自己的初心使命。”中国特色社会主义新时代，党领导人民自信自强全面建成小康社会，开启了不断创造美好生活、逐步实现全体人民共同富裕的新征程。

新时代美好生活追求的是“更好的教育、更稳定的工作、更满意的收入、更可靠的社会保障、更高水平的医疗卫生服务、更舒适的居住条件、更优美的环境、更丰富的精神文化生活”，而传统福文化的价值追求也在新的历史条件下得到创新性发展和创造性转换。以人民为中心、中国梦、全面小康、共同富裕、人类命运共同体、“奋斗本身就是一种幸福”……新时代的幸福密码正在不断生成，福文化的生命力也愈发强劲。

应该说，新时代福文化与百年来美好生活探索的历史实践同频共振，不仅是不同历史阶段社会主要矛盾转化的现实表达，而且体现了美好生活这一古老命题与当代社会的有效续接。

时代链接

“十四五”发展规划明确提出到2035年建成文化强国的远景目标，吹响了中华民族伟大复兴新征程中文化高质量发展的时代号角，这是不断满足新时代人民美好生活新期待的内在要求。

习近平总书记指出，“博大精深的中华文明是中华民族独特的精神标识。”只有以坚定的文化自信激活中华文化生命力，才能“全方位全景式展现新时代的精神气象”。

新时代美好生活呼唤美好的精神文化建设，就是要把优秀传统文化与当代审美结合起来，让“人民在精神生活上更加充盈”。作为中华优秀传统文化的重要组成部分，中国福文化积淀着深沉的中华文明基因，是链接古典文明与现代社会的重要价值符号和精神纽带，是新时代美好生活的集中概括和体现，能够为美好生活的新时代表达注入鲜活动力。

从传统社会以德求福的价值信念到新时代美好生活的国家愿景，从古人祭祀祈福到当代社会的劳动创造幸福，福文化的价值追求和实现路径不断更新变化，体现出鲜明的时代特色。

拥有厚重历史感的福文化在传统与现代的交织中生成双重

时代内涵：从国家发展层面看，新时代美好生活的价值目标精准切中社会历史发展脉搏，为新发展阶段擘画出宏伟蓝图，使当代福文化的内涵超越了古人的文化理想诉求；从人民主体层面看，新时代美好生活体现以人民为中心的价值立场，追求人的自由发展和解放，精准回应人民对获得感、幸福感、安全感的需求，使当代福文化的实践主体聚焦到主体的人民上。

因此，福文化融入新时代美好生活实践应包含两方面内容：

一是要以福文化讲好构建新时代美好生活的中国故事。实现美好生活是中国梦的根本和实质，也是全人类共同的价值追求。新时代美好生活的表达彰显中国力量、中国精神，是讲好中国故事的重要内容。以福文化讲好美好生活的中国故事，要把全面小康、共同富裕、中国梦、人类命运共同体等理念融入其中，要借助福文化IP、新文创、新媒介、新技术等载体传递中国福文化的传统内蕴与当代价值。

二是要以福文化激发构建新时代美好生活的内在动力。人民是美好生活的创造者，也是美好生活的获得者。但美好生活不是等来的，也不可能靠“躺平”来实现，劳动是实现美好生活追求的基本途径。

以福文化激发构建美好生活的内在动力，要倡导劳动幸福观、奋斗幸福观，不断激发人民创新创造活力，使劳动和奋斗成为新时代人民的幸福信仰和“成功指南”。要以内涵丰富的福文化充盈人民的精神生活，引领人民把民族复兴和个人梦想紧密结合，借时代之力为人生出彩和价值实现创造机会，凝聚共创美好生活的精神力量。

福见年年，福运连连

甘森忠

八闽大地，拥有着深厚的文化底蕴，红色文化、海洋文化、闽都文化、客家文化、妈祖文化、船政文化等在这里交织，积淀了文艺事业蓬勃发展的丰厚土壤。讲好福建故事、建设文化强省，需要全面推进福建福文化形象元素的挖掘与整理，构建完善的福文化标识体系，以福文化来彰显福建特色、塑造福建形象、传达福建文化精神。

坚定自信，弘扬中华福文化

文化是一个国家、一个民族的灵魂，文化兴则国运兴，文化强则民族强。没有高度的文化自信和文化的繁荣兴盛，就没有中华民族的伟大复兴。要坚持中国特色社会主义文化发展道路，激发全民族文化创新创造活力，建设社会主义文化强国，就必须坚定文化自信，做好中华优秀传统文化的传承与发展。

习近平总书记指出：文化自信，是更基础、更广泛、更深厚的自信，是更基本、更深沉、更持久的力量。坚定文化自信，是事关国运兴衰、事关文化安全、事关民族精神独立性的大问题。在5000多年文明发展中孕育的中华优秀传统文化，在党和人民伟大斗争中孕育的革命文化和社会主义先进文化，积淀着中华民族最深层的精神追求，代表着中华民族独特的精神标识。

福作为中华文化的基因，融于生活的点滴之中。福位于“福禄寿喜财吉”六吉之首，是中华传统的基因文化。中华儿女自古以来就有着崇福、祈福、尚福、盼福的文化传统，对福文化有着高度的心理认同与依存。福作为一种文化，既是古人对于美好生活的向往，也是当代中华民族最基本的价值追求。在中华传统文化中，福文化的内涵主要有衣食无忧、平安长寿、子孙满堂等。现代社会传播的福文化主要包含知福、惜福、积福、修福、造福、享福等。

中国共产党始终将为人民谋幸福作为自己的初心和使命，不仅继承了我国自古以来的福观念，还丰富了福文化的内涵，对传统福文化进行了创造性转换和创新性发展。

积极推进，挖掘福建福文化

福建作为全国名称中唯一有福字的省份，寄托着中华传统福文化的期许和美意。唐开元二十一年（733年），唐玄宗设置福建经略使，从“福州”“建州”中各取一字，便组成了“福建”。以“福”字入地名，体现了对安定统一的美好期待。国之所愿亦人心之所向，1000多年前，躲避战乱的中原人来到福建这片三面环山一面临海的安宁之地时，他们的心愿便是往后能平安顺遂、五福常临。世世代代的福建人便是心怀着这份对福文化的深厚期许，用勤劳与努力开拓美好生活。

福建的福文化是百姓生活智慧的结晶，对福文化的继承与发展具有重要的历史意义与现实意义。其一，对福文化的研究，有助于深入了解福建文化中蕴含的开放性、包容性、思辨性，体会一代代福建人的生活智慧与精神传承，弘扬拼搏精神、树立文化自信。其二，对福文化的研究，有利于优秀传统文化的保护和传承，创造出既体现福建传统文化特色，又富有时代精神的先进福建文化，促进福建文化资源的永续性发展。其三，福文化反映出了福建文化所蕴含的“和合思想”，是构建和谐社会及增强与台湾地区同胞、侨胞凝聚力的保证。

近年来，福建省坚定文化自信，围绕举旗帜、聚民心、育新人、兴文化、展形象的使命任务，大力实施文化强省战略，促进满足人民文化需求和增强人民精神力量相统一，推动思想文化建设取得丰富成果。在文化宣传方面，福建加快推进传统媒体与新兴媒体融合发展，构建全媒体传播体系，各新媒体平台的社会影响力持续扩大；在文化遗产保护方面，颁布施行地方性法规，推动文化遗产保护更加法治化、科学化，成功举办了第44届世界遗产大会，“泉州：宋元中国的世界海洋商贸中心”正式列入世界遗产名录，全省世界遗产数量位列全国第二位；在文艺创作方面，福建省文艺精品成果丰硕，实施文艺高峰工程，成为文艺评奖改革以来全国首个“五个一工程”满堂红的省份。

在新时代的征程上，应把握契机，做好福建福文化资源的转化与利用，基于福建福文化特质，充分挖掘福建福文化资源，深化福文化研究，打响福文化品牌。

打造典型，宣传福建福文化

福建的福文化深入生活的方方面面，福文化文创品牌的打造应通过“福”的共同标识来对福建各地域文化进行整合串联。依托福建各地旅游资源，打造以“五福之城”为主的福建旅游文化特色标识，从百姓之福、美食之福、神灵之福、民居之福、交融之福五个主题入手，从共性中寻求个性，以“福”作为共通点来宣传福建福文化。

百姓之福

百姓之福，是福建人世世代代的精神追求。福建人心中的福，在于一种唯适之安，是乐于“平安是福”的恬淡期许，安守一片宁静的心灵乐土。千百年来，福建人民以各种各样的形式演绎和传承着福文化。百姓心中的福，是因知福而感恩的惜福精神，他们开垦山地，修建茶园，使福建的茶文化声名远扬；百姓心中的福，是追求“平安是福”的祈福精神，永定初溪的福建土楼在每年春节都要举行“做闹热”祈福活动，祈求新的一年风调雨顺、国泰民安；百姓心中的福，是“爱拼才会赢”的造福精神，他们以海为田，向海而生，宋元时期的泉州成为世界海洋商贸中心。福建人心中的福，是美好心愿，是精神来源，更是生动实践，在福文化的文创设计当中，应时刻明确福建人民的主体地位，将人民的幸福生活作为出发点与落脚点，广泛听取人民建议，吸取群众智慧，使文创作品从群众中来，到群众中去。

美食之福

饮食是最基本的民生要素，其所具有的亲和力和吸引力，在任何文化交流中都能直通人心。在福文化的构建中，饮食文化有着不可估量的软实力，在福建人心中，吃得饱吃得好，就是一种最朴实无华的福。美食之福旨在挖掘福建的美食文化。闽菜是我国八大菜系之一，以烹调海味而著称，其清鲜、

◎佛跳墙（杨婀娜　摄）

◎鸡汤氽海蚌（杨婀娜　摄）

和醇、荤香、不腻的风格特色，以及汤路广泛的特点，在烹坛独具一席，特色菜品有七星丸、扁肉燕、佛跳墙等。福建的美食文化历史悠久，人文气息浓厚，既保留了从古至今的美食传统，也受到华侨带回的东南亚国家美食文化影响。饮食中福建人世代相传的记忆，在时间中延续变化，体现出社会文化模式的动态演进。将美食中的福文化运用于文创设计当中，画面主体元素应选取福建饮食文化中大众特别喜爱的食物，如土笋冻、海蛎煎、烧仙草等，从食物来源、制作流程或文化赋能等细节方面进行图形特征的夸张放大，删繁就简，最终提炼得到简单的图形符号，展现福建饮食文化的独特魅力。

神灵之福

福建人有着悠久的祈福文化，他们兴建寺庙，祈祷神灵保佑免于灾祸，这既是人民对平安富庶的追求，也是向往幸福的体现。神灵之福所展现的是福建饱含浓郁民间信仰色彩的神圣意象，形式多样、绚丽多彩的民间信仰是福建文化的一个重要组成部分，例如妈祖信仰、闽南游街、送王船等福建特色的民

◎妈祖祭祀场景

俗活动，彰显了福建人独有的精神追求。福建人对妈祖的信仰表明了向海而兴的沿海渔民对于平安是福的期许。2020年12月17日，送王船被联合国教科文组织评为人类非物质文化遗产，由此可见，福建的宗教民俗活动作为一种非物质形态的文化遗产在世界具有广泛的影响力。有关祈福文化的文创产品设计，可将传统的祭祀游街等场景元素与现代赛博风格相结合，产生出传统与现代碰撞的火花，这不仅能持续挖掘福建传统习俗中的精华，还能为传统题材与现代媒介的结合带来启示。

民居之福

民居之福聚焦的则是以福建永定客家土楼、闽南古厝等建筑为代表的福建民居文化。建筑是凝固的音乐，是福建人努力创造幸福生活的深刻体现，值得我们去慢慢品味它的特点，感

◎客家土楼——振成楼

受它的魅力，感叹劳动人民的智慧。福建现存的明清建筑，不仅有规模宏大、富丽堂皇的“尚书第”“大夫第”“九厅十八井”等大型府第，也有聚族而居、粗犷雄伟的土楼、土堡，还有许多坐落在山坳林间、点缀在幽谷溪畔，建筑布局活泼自由的民间小舍，更有不少依山傍水、环境优美和谐、空间布局富有变化的民居建筑聚落。福建传统建筑多因地制宜，建筑类型多样，建筑形式各具特色，地区差别显著。2008年，福建土楼列入世界文化遗产名录，在文创设计当中，可以提炼出号称福建一绝的客家土楼的造型图案，采用解构重构等设计手法，制作成特征鲜明的文创产品，让消费者在日常生活体验中也能够领会到福建独具特色的民居建筑艺术。

交融之福

交融之福表现的则是福建开放交流、多元互信的人文环境。在福建人心目中，互通有无、见多识广、视野开阔也是一种福。福建文化依托传统农耕文化，融合了闽越文化、海洋文化的精髓，形成了兼收并蓄的文化魅力。福建文化并不是封闭的地方文化，无论是历史上，还是近现代，它都通过海外交通和各种文化交流，广泛吸收海内外的优秀文化，同时把自身文化传播到台湾地区和东南亚。从宋元开始，在海内外贸易的过程中，外来海商将许多异域文化带到福建。鸦片战争后，福州、厦门成为“五口通商”口岸，各种西方文化纷至沓来，并由沿海渐及内地。福建有1500多万华侨华人，世界各国的文化也会流播到福建。福建海洋文化发达，自古以来，闽人闯荡海外世界，建立了广泛的海上联系。福建文化因而向东亚、东南亚等地传播，影响了它们文学、艺术、思想、宗教等文化发展；海外文化也通过福建人的海洋活动传入中国，体现了福建文化在中外文化交流中的桥梁作用。在福建福文化品牌的文创设计当中，更应传承这种多元交融的文化基因，与其他地方的文创品牌互相交流，形成合力，不断丰富与发展福文化的内涵。

创新表达，赋能福建福文化

文化创新，文创先行。近年来，我国文化创意产业发展迅速，并呈现出持续繁荣的态势。文创设计产品是将文化符号进行创意表达并传递内涵的载体，与普通产品对比最大的区别就是其含有大量的文化符号。消费者购买文创设计主要是注重文化符号所蕴含的文化价值，设计师通过设计方法将文化符号融入产品，使得消费者在对文创产品的欣赏与使用中体味文化符号的意义。故宫博物院所推出的文创产品是我国传统文化与创意设计的结合，是一次文化创新的成功实践，它使我国优秀传统文化在更多的年轻人中得以传承。

首先，福建福文化文创设计的打造，福文化符号的提取、解读与使用尤为关键。福文化文创设计必须充分挖掘福建的地方特色符号，注重文化与载体的巧妙结合，调研了解群众喜好，从设计符号学的角度运用创新性的设计手法对图形符号的精神含义进行深入探究与分析，从而创造出大众喜闻乐见的文创设计。对于福建福文化的文创设计思路，须先将文化主题划分为“百姓之福、美食之福、神灵之福、民居之福、交融之福”五个方面，再依据划分的主题寻找相关图像样本，采集处理样本的外在表征。一方面，从“能指”的角度对图像样本的外在形态、色彩特征等内容进行形态符号的提取；另一方面，从“所指”角度出发，依据文化内涵进行设计思考，并通过多种设计手法的处理，使符号的外在表征与内在含义相匹配，最终将从“能指”与“所指”两个维度提取出的设计符号运用于文创设计。从客体当中所提取的文化元素通过编码手法呈现出外在表征，用户又通过自身经验将表征解码为个人诠释。要想使设计师的编码与用户的解码过程都能够完整准确地处理信息，在设计时就应充分考虑用户自身因素，如用户的特征、经验等。因此，在对福文化元素编码前，应依据不同的受众特征，分别对其情况与兴趣点进行深入调研了解，从而确定文创产品的类别、风格等内容。

其次，福建福文化文创设计的打造，应在原先基础之上接续发展，发挥其独特优势。第一，应根植丰富多彩的文化资源。福建文化资源丰富、底蕴深厚，拥有红色文化、海洋文化等。这些深厚的传统文化资源，应是福建文化走出去的重点。第二，应依托良好的文化产业基础。文化产业目前已成为福建省的重要产业，应对产业结构不断进行优化升级，切实增强福建文化产业整体实力和竞争力，为福建福文化的宣传与发展打造良好的平台、提供坚实的制度保障。第三，应把握独特的区位发展优势。从地理位置这一方面来说，福建独特的对台优势，使中央赋予福建“两岸人民交流合作先行先试区域”的战略地位，为福建对台交流合作及先行先试提供了更大的平台；另一方面，福建历史上就是著名的侨乡，与海外交往频繁，作为侨务大省，福建应好好利用“侨”这一大优势，面对遍布海外的闽籍侨人侨团，作为客家文化、闽南文化、妈祖信仰文化发源地的福建，文化走出去的辐射空间十分广阔。综合上述设计思路，打造属于福建的福文化文创品牌，发掘福建文旅资源，以文创设计为载体，让福建的福文化走出去。

最后，福建福文化文创设计的打造，应积极利用新媒体技术，探索文创实现新路径。可以通过积极运用新媒体技术、更新设计语言等方式使传统文化焕发生机、历久弥新，迎合新时代审美要求。

福见年年，福运连连。福建独具特色的福文化资源是文创设计的不竭灵感之源，文创设计则是展现福文化的生动载体。福建福文化符号的挖掘与设计的创新将为福建打造一张兼具传统与创新的新名片，助力福建文化的繁荣发展。

弘扬福文化，品味闽式生活

游孙权

中华汉字魅力独具，如果要用一个字来表达人民群众对美好生活的向往，大概没有比“福”更恰当的了。福建物产、景观与文化资源荟萃山海之精华，可以让人们尽享口福、大饱眼福、怡情悦性，可谓福人居福地、招徕福人游。虎年虎福寓吉祥，应倡导和推广丰富多彩、静雅康健、闲适喜悦、尚美向上的闽式生活，让福文化更加可知可感、可行可融。

舌尖之福

闽式生活体现在舌尖上，吃闽菜、品闽茶，带给人们的是烟火之境的味蕾享受。

闽菜不仅山珍海味食材丰饶、烹饪调制技法多样、经典菜品名小吃推陈出新，而且秉持就地取材、食疗养生、药食同源的理念，奉行“天之气”“地之味”“物之性”三者与人合一，孕育了丰富的、极具智慧的饮食文化，形成了福州菜、闽南菜、莆田菜、客家菜等众多地方风味流派。

中国是茶的故乡，闽茶在中国乃至世界茶叶界有着重要而独特的地位，这不仅在于福建是中国最重要的产茶省份之一，是乌龙茶的故乡，而且积淀着极为深厚的茶文化。闽茶涵盖了乌龙茶、绿茶、红茶、白茶、再加工茶等众多品种，武夷岩茶、安溪铁观音、正山小种、福鼎白茶、福州茉莉花茶等名茶各具特色、各自芬芳。喝茶因人而异，不同体质、不同喜好的人喝不同的茶，但闽茶卓荦大观，总有一款适合你。

生态之福

闽式生活体现在行止处，亲近闽山水、领略闽风光，给人们带去的是自然之境的感官享受。

闽中多山，闽在水中。闽人有福，寄居于山水之间。闽山凝翠，满目葱茏，福建森林覆盖率达66.8%。闽水奔涌，江海相连，福建江河自成体系，海韵天风独往来。

朱熹出生于福建尤溪，在他71年的人生历程中，除先后在江西、浙江、湖南、安徽逗留3年多外，大多在福建度过。他热爱大自然，登山临水、探幽访胜、吟咏风物是其生命活动的重要部分。闽地山光水色赋予了他无穷的诗情与哲思，朱熹一生写下咏闽山水诗超过230首，达到诗情、画意与理趣的完美结合。

明代著名地理学家、旅行家徐霞客曾经5次入闽旅行，在他所涉足的10多个省份中，到福建的次数最多、范围最广，从北部的仙霞岭到南端的诏安，穿越了福建20多个府县。他把对闽地山川的钟情热爱写入游记，向世人宣传了福建的秀丽山水。

福建地形以山地丘陵为主，河流与峰峦纵横交错，地貌涵盖丹霞型、花岗岩型、岩溶型、火山岩型、海岸岛屿型、石臼型、海蚀等形态。八闽自然景观千姿百态、争奇斗艳，或以山胜，或以水显，或以洞闻，或山水俱佳，或巍峨，或纤巧，或朴拙，或华丽，一山一世界、一水一画廊，反映了大自然的神奇造化，令人叹为观止。

漫长的海岸线赋予福建如诗如画的海景，鼓浪屿、海坛岛、湄洲岛、东山岛、嵛山岛、南日岛等岛屿，每一处都别具风貌，在碧涛海浪中构成一道道独特亮丽的风景。

2021年6月，福建省政府出台了促进旅游业高质量发展的政策意见，强调突出“山”的魅力和“海”的风情，促进城乡美丽景区与美好生活相融。八闽未来更加宜居宜业宜游，期待更多的人与福建相遇、与福建结缘，来闽循自然之道，享生态之福。

心灵之福

闽式生活体现在闲暇时，赏玩闽工艺、感悟闽人文，给人们带去的是心灵之境的精神享受。

八闽文化在中华优秀传统文化中独特的地位和价值，体现在诸多领域。其中，闽工艺技艺精湛，“特艺品”众多，福州脱胎漆器、寿山石雕、软木画，泉州青石雕、木偶头雕刻、艺术陶瓷，莆田木雕，漳州刺绣、木版年画，南平建盏、剪纸，龙岩竹编竹刻、连史纸，宁德银首饰，厦门漆线雕……在全国乃至世界上都享有很高的声誉。

闽建筑多元并存，富有地方特色。福建土楼列入世界遗产名录，闽浙木拱廊桥、闽南红砖建筑列入中国世界文化遗产预备目录，福州市华林寺大殿等90座建筑或建筑群被公布为全国重点文物保护单位，宁德古田吉祥塔等571座建筑或建筑群被公布为省级重点文物保护单位……“前世”说不尽，“今生”更出彩。

福建作为戏曲大省，现存20多个地方剧种，以闽剧、莆仙戏、梨园戏、高甲戏、芗剧（歌仔戏）、客家木偶戏最为出名，目前拥有省级以上传统戏剧类非遗49项，存有1万多种戏曲剧目抄本。

福建历史上是名副其实的科举大省，历代进士人数近11000人。福建历史上涌现出一大批历史名人，如民族英雄郑成功、林则徐，思想家朱熹、李贽，历史学家郑樵、袁枢，文学家柳永、刘克庄，翻译家严复、林纾等，在中国历史文化上产生过重大影响。

福建自古向海出发、依海而兴，积淀了造船与航海技术、妈祖信仰等极为丰富生动的海洋历史文化和人文资源，反映了中国海洋文明的鲜明特征和辉煌成就。特别是福建先民作为古代海上丝绸之路的重要创建者，是历史上进行世界海洋贸易和维护海权的最主要力量，为当今建设“一带一路”提供了重要的人文支撑。

福建是毛泽东等老一辈无产阶级革命家领导波澜壮阔的伟大革命斗争的重要实践地，是中央苏区的重要组成部分，是红色理论的重要发祥地、红色政权的重要开创地、红色人文的重要凝结地、红色精神的重要传承地，全程见证了中国共产党人的初心和使命。

蔚为大观的文化资源衍化成闽地摇曳多姿的人文景观，深刻影响着人们的价值观和生活方式，也为到访闽地的人们打开了一扇心灵的窗户，使之更加真切地感受“岁月静好，尽享太平”的美好生活，共同沐浴“福建见福，福满人间”的福地福气与福德福报。

福文化是一个温暖的哲学怀抱

鲍国忠

对福文化，世人有各种各样的理解与解读。我认为它是一种能给人、给社会以人文关怀的怀抱，同时又是一个能给人类社会的发展提供思维启迪的哲学怀抱。

这是一个温暖而亲切的精神怀抱和智慧怀抱，它所能给人的精神鼓舞和道德激励超过了任何一种文化，它的活力与生命力也超过了任何一种文化。

它是古老的历史文化，但它又是非常鲜活的现实文化。它可以营造气氛，营造环境，它能给人的心理以关照，以信心，以光明，以力量。不管是底层社会还是上流社会，福文化总是像春天的阳光一样，普照万民。福文化的内涵，只有在福文化的熏陶和浸染中才能真正体会。

我看到“福文化”这个词组的英译，有的译成 *culture of bleesing*，有的译成 *happiness culture*，有的译成 *Fu culture*，我觉得前两种译法都不够准确。

福文化不单单只是祈福文化，也不单单是幸福文化。它是中国人共识的大概念文化和泛文化，它包含了某种神秘和只可意会不可言传的成分。所以，对比之下，还是 *Fu culture* 较好。

这是最具中国特色的文化形态。既有形，又无形；既实，又虚；既形而上，又形而下。只能用汉语的思维方式才能表达其特有的内涵和价值。

在汉语语境中，我们对它的理解是心有灵犀一点通。就像我们曾经的问候语“你吃了吗”、送别语“你慢走”一样，望文已不可知其全义，在意会中才会领情。

福文化当然是一种营造人人追求幸福、珍惜幸福、创造幸福，为社会谋福祉的动力文化。它渗透到人们生活中的方方面面，但它的内核中最坚实的部分是人生责任、社会责任和必须遵循的天地法则、圣贤广谕。它的文化特性在于能够营造一种充满希望的氛围，充满人性正道的氛围，充满人生美好目标和社会美好目标的氛围。在人与人的交往关系中，在人与社会的秩序关系中，在人与自然的共生关系中，福文化的浸润是一种积极向上的力量，是一种最实在的吉祥文化和潜移默化式、耳濡目染式、润泽式教化文化。

它的珍贵在于鼓励人们追求幸福的同时，始终是以循公道、节私欲、瞻前顾后、公序彝伦、可赓续等作为前提的。在所有福文化细节中，很难找到一味追求个人快乐、个人幸福的内容，而总是以阖家平安、造福子孙、九世同居、国泰民安、天下太平等为激励内容。这体现了儒家天人合一和道家道法自然、普天同庆、万物咸遂的一统观念。这是非常了不起的。

在中国传统文化中，福文化是一种随处可见的文化，不论是以物质为载体，还是以活动为载体，抑或是以语言文字、音乐为载体，它都是一种显性文化，传承不衰的文化，为人们所喜闻乐见并且形成集体潜意识的文化。

由于地域不同，人们的生活环境、生活习惯与语言不同，福文化的呈现也有所不同，但它的核心内涵总是一致的，它能无条件引起人们美好的内心共鸣。

福文化总是和所有文学艺术形式、节庆风俗、礼仪环节等紧密结合在一起，呈现出丰富多彩、生动喜人的特征。

要寻求人与人之间的最大公约数，实际上就是个“福”字。

在社会关系中，一个祝福可以像暖流一样有益于阶层融通、隔膜消解。在国际关系中也是如此。它跨越了人群、族群和国家之间任何程度的差异，是一种真正的橄榄枝和吉祥鸟。

福建省是将一个“福”字顶在头上的省份，省会福州也是一个将“福”字顶在头上的城市。福文化在这块土地上与人类社会同生共进，发育得特别完美。

从新石器时代到现代，在这几千年社会历史的进程中，以民俗文化为主要表现形式的福文化不断积淀，不断生发，不断传承，不断赋予新的内涵。从福文化的载体上看，无处不在的福文化像空气、阳光和水分一样充盈于我们的每个城镇、每个村落、每座祠堂、每座庙宇、每座古厝。随便走进一条古街、一程古道或一座老屋，不会感受不到福文化的气息。

厅堂的匾额、楹联、柱梁、墙壁、窗棂上，福文化元素总是散发出问候般的和煦光芒。人们使用的各类器物中，福文化的元素更是如影随形。

一个福字，一句祝语，一幅福图，总是被人们代代相传、子孙珍视。

福文化是一种激发人生大信、社会大信、国家大信的文化。中国共产党谋求中华民族伟大复兴的中国梦，其本质就是

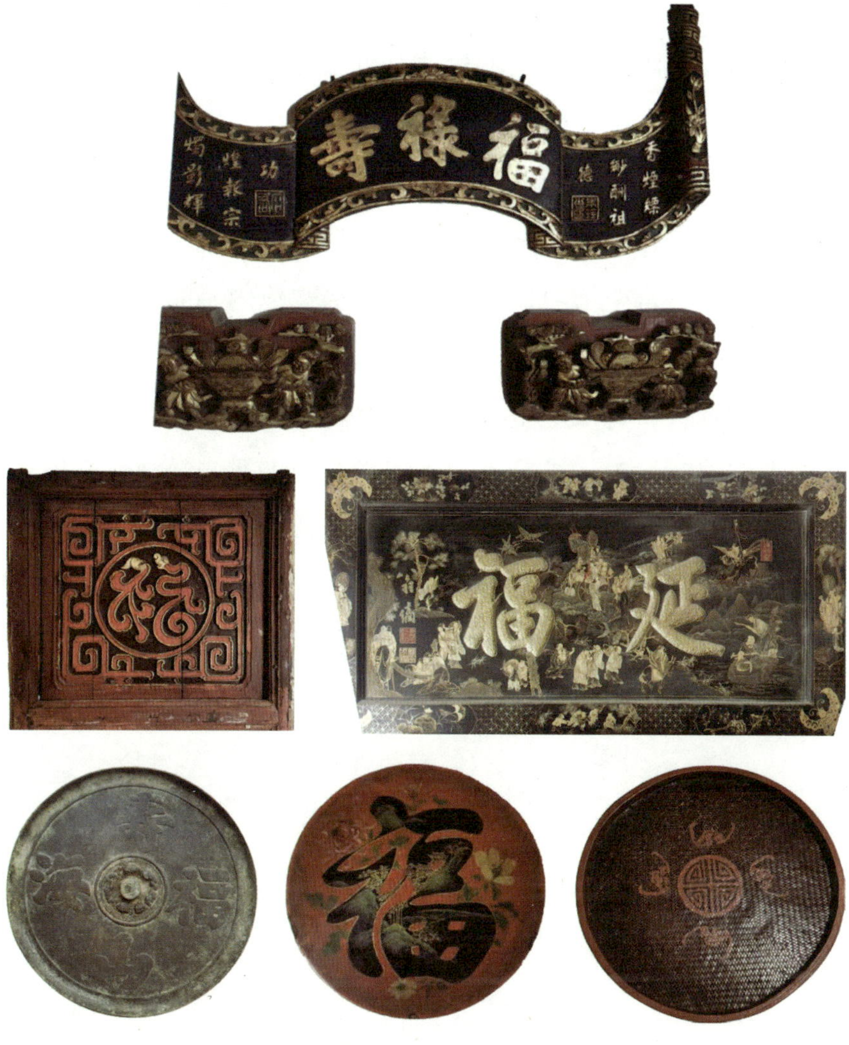

◎匾额器具中的福文化元素

为民族、为人民、为国家、为天下谋福祉的梦，是对中华民族几千年福文化的实质性传承、创新与伟大实践。

当下，福建各地对福文化遗迹、文物、民俗活动的重视、保护与传承，广大百姓对福文化的认同、接纳与弘扬，正形成一种文化的正气，氤氲于八闽大地。

台湾与福建一海相隔。明清以降，随着福建人大量移居台湾，汉族民俗在台湾也流行开来。清代从康熙年间起，有200

多年时间，台湾隶属福建省管辖。可以说，闽台民俗完全属于同一民俗区域。闽台间的文缘、血缘、俗缘、地缘、法缘、神缘、佛缘、福缘、业缘等多缘关系紧密得如同一体。台湾与福建，不管在建筑营造、三堂（厅堂、祠堂、庙堂）教化、节庆活动，还是日常生活习惯与习俗中对福文化内涵的理解，都是毫无二致的。

福禄寿喜丁才贵、达尊有三爵齿德、五福临门、鸾凤齐鸣、敬宗追远、百子千孙、入孝出悌、敬老尊贤、敬惜字纸、志在书中、积德即是积福、圣贤有教、修身可以齐家……在闽台两地的民间社会中，福文化有如一个共同的文化符号和身份印记。

福建福文化的历史渊源与区域特色

周建群

福文化是中华民族心理观念、精神寄托及价值追求的有力折射。作为全国唯一在名字中冠以“福”字的省份，福建拥有多样、多姿、多彩的福文化。在新时代持续传承弘扬、创新发展福建福文化，有助于彰显福文化的传统意蕴和当代价值，不断优化完善福文化的实现方式和实施路径，更好地汇聚起共创幸福生活、昂首阔步奋进的强大精神力量。

基 因 性

福文化是具有丰厚积淀的基因文化，是贯穿福建悠久历史的文明根基和精神印记。

福文化源远流长、历久弥新，是中华优秀传统文化的重要组成部分。其中，福建的福文化绚丽多姿、蔚为大观，极大地丰富了福文化的精神内涵，在中华福文化发展史上书写下浓墨重彩的华章。

追溯福建福文化的源头，宗教和民间信仰是重要的因素。福建古时为闽越族居地，面对频繁发生的自然灾害，面对危险丛生的现实环境，人们容易形成崇拜自然万物的心理，生成“好巫尚鬼”的传统，这恰恰是福建先民从内心深处祈求无灾无患、丰衣足食、平安长寿的典型体现。福建很多地名都与“福”字有着不解之缘，如福州、福安、福鼎、福清等都是“福”字当头，生动诠释了福建人民对“福”的特殊喜爱。

宋以降，福建文化日渐兴盛，对“福”的学理性阐释和文学性叙述不断涌现。朱熹立足传统理学的价值立场，提出“为善则福报，为恶则祸报，其应一一不差者，是其理必如此”，把道德修为作为获得幸福的重要方式。林则徐写下“苟利国家生死以，岂因祸福避趋之”的名句，体现了不计较个人得失、以身许国的高尚情怀。林觉民写下《与妻书》，抒发“当亦乐牺牲吾身与汝身之福利，为天下人谋永福也”的雄心壮志，把个人幸福与国家安危融为一体，把对福的定义提高到一个新的境界。

民 俗 性

福文化是得到广泛认同的民俗文化，于福建一代代人民的智慧创造中得到不断演进。

“福”字出现时间较早，在甲骨文里意为以酒敬神，祈求神的庇护。在漫长的文字发展过程中，“福”字的含义不断延伸、拓展、丰富，成为最古老、最吉祥、最受欢迎的汉字之一，并在与民俗文化的相互融合中得到生活化的呈现。福建是众多文化的交汇之地，十里不同风、百里不同俗，产生了独具特色、风格各异的民俗文化，福文化就是其中的鲜明代表。

节俗文化中的福。体现在饮食习俗上，把祭祀的酒和肉称为福物、福食；用糯米制成的福寿糕，是婚嫁馈赠的吉祥物。体现在节日习俗上，福州拗九节是全国独有的敬老孝亲节，嫁出去的女儿煮拗九粥送给父母和长辈，称为送福粥；女儿新婚出嫁时，娘家会送福袋，福袋里装着红枣、花生、红糖、桂圆等。体现在建筑习俗上，房子上梁时挂上红布袋，寓意丰衣足食；古民居、古建筑的木雕、石雕、竹雕等，呈现五福临门、五福拱寿、福寿双全、多子多福、福寿三多等诸多图案。

神祇文化中的福。福建的福神崇拜信仰深厚，不同的人群、行业几乎都有各自的崇拜对象，据不完全统计有千余种神灵，占地面积10平方米以上的民间信仰活动场所2.5万多座，形成拜神佛、重鬼神、敬天地的传统。特别是广泛流传的祈福活动，包括迎神祈福、游神祈福、择吉祈福、卜卦祈福等，独具地域特色，集中反映了福建民间对福文化的向往与追崇。

戏曲文化中的福。福建戏曲种类繁多、特色鲜明、内涵丰富，主要有闽剧、莆仙戏、梨园戏、高甲戏、芗剧、木偶戏、南音等，形成了不少深受人民群众欢迎的优秀代表剧目。其中，对祈福纳祥、阖家团圆、国泰民安等主题的呈现是一个重要的方面。比如，闽剧《陈靖姑》、莆仙戏《海神妈祖》、梨园戏《陈三五娘》和南音《邂逅·丝韵》等，都是从戏曲层面对积德行善、祛病消灾、亲情爱情等福文化的褒扬与宣传。

实 践 性

福文化是易于履蹈操持的实践文化，无声浸润到福建经济社会生活的全过程和各方面。

中国人对幸福的追求不只停留于物质层面，更多的是上升到精神层面。但也要看到，在传统社会，广大劳动人民虽然对福孜孜以求，也作出了很大的努力和奋斗，但受限于被压迫的社会地位和落后的社会生产力，难以真正享受到梦寐以求的幸福。鸦片战争后，中国陷入内忧外患的黑暗境地，山河破碎、积贫积弱，民不聊生、福无所依。只有在中国共产党的领导下，中国逐步实现从站起来、富起来到强起来的伟大飞跃，中国人民才真正踏上了通往幸福的康庄大道。

中国共产党自诞生之日起，就庄严宣告必须“实现人民的现实的幸福”。在百年历史发展进程中，中国共产党始终与人民有福同享、有难同当，作出的一切努力、斗争和牺牲，都是为了人民的幸福。这是中国共产党激越时空、始终不渝的初心使命。

幸福不会从天而降，而是源自伟大的劳动创造。在中国共产党的领导下，福建各方面都发生了翻天覆地的变化，有力地满足了人民群众对民主、法治、公平、正义、安全等方面的幸福追求。伟大成就的取得，幸福生活的缔造，是一代又一代福建人民用双手努力拼搏出来的。特别是进入改革开放新时期，福建人民以敢为人先、爱拼会赢的精神，开拓创新、艰苦创业，涌现出无数感动人心的创业故事。福建民营经济不断发展壮大，成为经济发展的重要支撑、科技创新的重要载体、国内国际双循环的重要主体、增进民生福祉的重要力量。

福建福文化融汇于闽地闽人、闽山闽水、闽风闽俗，随着中国特色社会主义进入新时代，人民群众对美好生活的向往更加多元。推动福文化资源转化利用，提升福建福文化品牌力与影响力，必将在新征程上赓续文脉精神，创造具有新气象的生动实践。

一是坚持以社会主义核心价值观为引领，做好福文化的挖掘、培育、宣传文章。围绕文化强省建设的目标，结合新的历史背景、时代精神、社会潮流加以拓展深化。积极构建福文化标识品牌体系，让福建福文化广为传播、深入人心。支持社科研究机构、高校、民俗专家等开展福文化研究，推出一批具有原创性的研究成果。拓宽福文化宣传渠道和路径，加强福文化常态化宣传，全方位、立体式、多角度讲好福文化故事。

二是坚持聚人心、暖人心、强信心，用丰富的文艺形式打造福文化精品力作。“文者，贯道之器也”，在福文化文艺创新的道路上，必须树立大历史观、大时代观，把握历史大势和时代进程，把握传承和创新的关系，正确运用新的技术和手段，激发创意灵感、表达思想情感，使福文化成为文艺创新的重要源泉之一。结合实施福建文艺高峰工程，在文学、书法、戏剧、音乐、舞蹈、美术、摄影、艺术教育、文艺评论等领域，广泛开展福文化的艺术创作和现实表达，不断开拓福建文艺新境界。

三是坚持发挥福文化的内在经济属性，助力构建现代化经济体系。文化和经济是相互促进、同频共振的关系，必须以福文化为基点，把福文化融入产业经济发展，做大做强做优文旅经济。着力以福文化扩大内需，因地制宜、各美其美，将福文化融入乡村振兴战略，大力推动福茶、福果、福菜等特色品牌建设，让福文化元素融入消费新潮流。全面打响“全福游，有全福”品牌，打造一批福文化主题旅游线路，把宝贵的福文化资源串珠成链，全面链接各地丰富的旅游要素，带动福建文化和旅游产业加快发展。

四是坚持推动福文化更好地走出去，为福建深度融入共建“一带一路”添砖加瓦。发挥福建侨和台的双重优势，结合福建地域文化推广传播，充分利用海峡论坛、海峡青年节、湄洲妈祖文化旅游节等活动载体，借助福建旅游海外合作推广中心等平台阵地，以国际化的语言持续对外开展福文化的推介和展示，更好地塑造新形象。

福狮文化独特的精神内涵和时代价值

李国宏

迎福纳祥，狮文化承载福文化丰富多彩的地域特征

福建的福文化积淀丰厚、多姿多彩、认同广泛，成为贯穿福建悠久历史的文明基因和精神印记。福建、福州分别是全国唯一以“福”字冠名的省份和省会城市，是一个纳千祥、聚万福之地，福文化的魅力也在“福地福人居”这句俗语中得到最好的诠释。福文化的表现形式琳琅满目，狮文化即为之一。从

◎石狮狮阵

◎石狮北狮表演

这个意义上说，福建的狮文化，也可以称之为福狮文化。狮文化与福文化的深度融合与创新转化，成为福建狮文化有别于其他区域狮文化的重要特征。

狮文化在福建民间信仰习俗上占据重要地位。佛经《大智度论》记载："佛为人中狮子。"因此，狮也被借以比喻出类拔萃的人。狮又是文殊菩萨的坐骑，文殊被视为智慧的象征，这也给狮文化增添了聪明睿智的含义。所以，福建民间普遍崇拜镇宅狮、狮王石敢当，以及起源于闽南地区的风狮爷、剑狮等吉祥物，以表达驱邪避祸、安居乐业之意。

狮文化与福建非遗文化相得益彰。"狮"与"师"同音，民间取其谐音，表现在绘画或雕刻上常采用"太狮少狮嬉戏"图案，象征加官晋爵、富贵吉祥。常见的艺术形象还有"双狮戏绣球""狮王献瑞""雄狮凤凰牡丹三王斗艳"等，表达喜庆延绵、瑞气盈门、兴旺发达之意。福州脱胎漆器技艺、寿山石雕、柘荣剪纸、莆田留青竹刻、惠安石雕、闽南民居营造技艺、德化瓷烧制技艺、永春纸织画、厦门漆线雕技艺、漳州木版年画等国家级非遗项目中，均广泛运用“福狮”文化元素，深受广大民众的喜爱。

狮文化成为重大节庆活动和民俗活动中不可或缺的标志性文化符号。当狮文化传入福建，与绚丽多彩的福文化交融并汇，迸发出文化融合的火花，新意迭出，福气万千。咆哮荒野、睥睨万物的狮子形象，变得更加和气安详、温顺可爱，增添了不少传统吉祥符号，逐步演化成能够驱邪纳福、守护一方的瑞兽。福建民间民俗活动中最受欢迎的、最有仪式感的开场舞或压轴戏，必定是喜气洋洋、福气满满的舞狮表演。福建舞狮活动种类众多，涵盖面广，且与各地独特的文化背景、民间习俗相结合，演化出石狮北狮王、石狮狮阵、泉州刣狮、德化纸狮、霍童线狮、连城客家青狮、永安畲族打黑狮等传统表演技艺，各具特色，震撼人心。此外，福建舞狮与时下流行的“北京狮”和“广东狮”技术风格和表演形式上有显著的区别。北京狮注重“演实”，广东狮注重“演意”，福建狮则是虚实结合，重在“演武”，展示福建人尚武重义、坚韧不拔、奋发图强的人文气质。

福文化与狮文化在福建大地任性地拥有一次美丽的邂逅，孕育出与众不同的福狮文化，赋予古老的福文化以新的时代内涵，展现了福建人砥砺奋斗、抱团发展、追求幸福生活的美好愿景。“福狮”成为福建地域文化生动活泼且充满精气神的文化品牌。

美美与共，狮文化维系福文化共建共享的情感纽带

福文化与狮文化的完美融合，造就了福建独具特色的文化气质和文化格局。福文化是狮文化的精神核心，狮文化既是福文化的具象载体，也进一步丰富了福文化的内涵。狮文化本身就是中西文化融会贯通的产物，福建的“福狮”文化更是深层次的多元文化融合的结晶，也是对“有福同享”“独乐乐不如众乐乐”等优秀传统文化的创造性转化和创新性运用。

福建是“福狮”文化汇聚交流的中心，也是“福狮”文化通过“一带一路”传播扩散的基地。以起源于闽南的“风狮爷”为例，福建是台湾同胞在大陆的主要祖籍地，随着大量福建人移居台湾，“风狮爷”信仰习俗逐渐传入金门、澎湖和台湾岛内。同时，由于福建与琉球以及东亚、东南亚地区有着长期密切的政治、经济、文化关系，“风狮爷”信俗也传播到济州岛、琉球群岛、菲律宾群岛、印度尼西亚群岛等地。在传播的过程中，“风狮爷”的造型虽有变化，但其辟邪镇宅、祈福招祥的功能是一致的。

福建的舞狮运动也广泛流传于海外华人社区，成为华侨华人庆祝传统佳节、举办重大社交活动必不可少的重头戏。舞狮运动是集体竞技项目，并且带有浓烈的乡土气息，激发了海内外福建人守望相助、情系桑梓的文化情怀。舞狮运动营造喜庆迎福的热烈气氛，也逐渐吸引侨居地民众的参与，促进了不同文化背景下的族群互动，增强了族群之间的和谐关系。

1995年起，舞狮运动正式列入体育比赛项目，重大的国际

竞技赛事有世界龙狮锦标赛、国际龙狮大奖赛、国际龙狮邀请赛、国际龙狮争霸赛。石狮市蔡奕品领衔的金凯圣醒狮团，于2000年和2002年两次勇夺世界龙狮锦标赛“北狮”冠军，被誉为“北狮王”。2008年，福建省体育局、石狮市人民政府承办全国舞龙舞狮邀请赛和第六届全国农运会舞龙舞狮竞赛，石狮金凯圣醒狮团再夺农运会北狮冠军，实现三连冠，代表了福建舞狮运动竞技的最高水平。

由于“福狮”文化与福建地方非遗技艺的结合度高，诸如惠安的石狮雕像、莆田的木雕狮、德化的瓷塑狮等文创产品，选材优良，技艺精湛，多姿多彩，寓意吉祥，远销世界各地。可见，“福狮”文化的对外传播，既丰富了各地人民的精神生活，也成为海内外中国人增强文化认同和文化自信的精神符号。

福建又是中华海洋文明重要的发祥地之一，中西文化交相辉映，造就了“福狮”丰富多彩的艺术魅力。福建华侨回乡建造的洋楼，被称为“番仔楼”，常常装饰泥塑、彩塑、瓷塑狮子，寓意平安吉祥、宜居宜业。充满异域风情的纹饰，让洋楼上的狮雕或写意而变得活泼可爱，或写实而显得威风凛凛。为了适应国人的审美特征与文化情怀，狮子彪悍野性的形象被弱化，通过艺术化改造，与民众质朴敦厚的生活习性相适应。

石狮市官聘村杨家大楼装饰有一堵漂亮的牌楼，中式的“迎素月”榜书和天官赐福堆塑，配上温顺清秀、稚气可爱的泥塑狮子，点缀西班牙风格的天使雕塑以及罗马式的纹饰花样，看似混搭，整体却协调流畅，别具艺术感染力。早期华侨漂洋过海，筚路蓝缕，为的就是衣锦还乡，回馈桑梓。祈福的情感寄托，化为造福的奋斗力量，“福狮”守护下的“番仔

◎石狮官聘村杨家大楼牌楼

楼”既是华侨艰辛创业的历史见证，也是中西建筑文化互动交融的艺术结晶。

文明在开放中发展，观念在交流中创新，成果在互动中共享。“福狮”文化寄托了人们对美好生活的向往，体现出多元文化交流融合、和谐共存、共建共享的中国智慧，实现了相遇相知、共同发展的愿景。

海纳百川，狮文化展现福建人民开放包容、兼收并蓄的宽阔胸襟

中华狮文化起源于汉代，狮子最早是来自西域的“瑞兽”，通过“贡狮”的形式传入中国，被视为祥瑞的象征。经过中华优秀传统文化的熏陶与糅合，“福狮”文化形成了融贯

中西的个性特征。西域“贡狮”的记录，始于汉代章和元年（87年）。东汉以来，随着佛教的传播而传入中国的狮子造型开始汉化，在保持狮子威严尊贵的原型上，融入中国人的审美观和艺术情趣。汉代狮子形象充满想象的灵感，属于写意的瑞狮形象；唐代狮子形象威武雄壮，尽显盛世风度；明代狮子形象浑厚庄重；清代狮子形象温柔驯良。不同历史时期的狮子造型，虽然形态各异，但其迎福纳祥的内涵却是一以贯之的。

海上丝绸之路是海外“贡狮”进入中国的另一条重要通道。明清时期，索马里的摩加迪沙、沙特阿拉伯的麦加等地均有从海路“贡狮”的历史记录。清康熙年间，泉州诗人富鸿基、丁炜等人的诗集中，保存吟咏海外“贡狮”的诗歌，传颂“重译梯航神兽通，遐荒殊域喜来同”的佳话。一个“喜”字，洋溢着满满的福气和喜庆之意；一个“同”字，表达了感同身受的喜悦心情和分享幸福的愉悦感。

来自异域的“瑞狮”，历经博大精深的中原文化的浸染，又与闽都文化、闽南文化、客家文化等互动融合。异域的“瑞狮”屹立成中华的姿态，涵养孕育出“福狮”文化品牌，阐释了中华文明尚和合、求大同的精神特质。以福建为代表的南狮，强调避祸驱邪的功能，生活化与娱乐性的特征更加突出，造型变得柔美温顺、玲珑有致，或浑厚朴实、简约空灵，或精雕细琢、憨态可掬。在保留狮子固有的瑞兽形象和雄浑气韵之外，装饰富有吉祥寓意的纹样和配饰，表达福禄齐全、健康长寿、招财进宝、万事如意、四季平安、子孙延绵等世俗化的美好祝愿，形成富有福建风韵的“狮身福魂”的文化兼容气质。“福狮”形象的生成，本身就是针对中华狮文化“多元一体”

文化个性的世俗化诠释。石狮市博物馆“丝路狮缘”陈列馆收藏一对清代石狮雕像，堪称镇馆之宝。这对石狮雕刻技艺精湛，结构匀称，圆转柔滑，线条起伏明快，犀利清新；一雄一雌，神态自然，左顾右盼，含情脉脉，充满温馨幸福的情调，又符合“阴阳和谐”“和睦安宁”的传统理念。民众对美好生活的追求，还通过“福狮”身上装饰的吉祥元素来表达，或借助谐音隐喻，让抽象的概念具象化。如雄狮手握绣球，代表幸福尽在掌握中，又借由绣球的谐音，表达“有求必应”的含义；雌狮则手持彩带，表示“好彩头”，寓意华堂焕彩、喜气盈门；彩带另一头连接一只顽皮呆萌的小狮子，象征母子亲和、阖家安康。

八闽大地不但有中华文化在历史传承中形成的异彩纷呈、特色鲜明的地域文化，也有因海外交往而传入的异域文化，多种文化和谐相处，优势互补，构成多元并存的文化集合体，生动地体现了福建独特的文化性格。例如，泉州开元寺的月台须弥座束腰处，至今仍装饰着元代源自印度的“狮身人面像”石

◎石狮市博物馆镇馆狮雕

雕构件。泉州东岳山锡兰侨民墓葬区矗立的镇墓狮，也洋溢着鲜明的斯里兰卡艺术风格。可见，“福狮”文化的形成、演变与传播，体现福建人民开放包容、兼收并蓄的宽阔胸襟和海纳百川、博采众长的高远格局。

敢拼会赢，狮文化契合福建人民奋发有为、勇为人先的进取精神

谈论“福狮”文化，就不得不提及福建省石狮市。它是中国唯一以“狮”命名的省辖县级市。凭海临风，“丝路”结“狮缘”。因为这份缘，石狮的历史被徐徐地打开。隋唐以来，一尊威武雄壮的石狮子就静静地蹲坐凤里庵前，守护一方平安。这里是通往泉州府城的官道，人们常约定在“石狮”这个地方碰头，渐渐地一个彼此信守的约定，演化成地名，转化成一座城市诚信为先、拼搏进取的精神象征。可见，石狮以“狮”名城，既取其祥瑞之形态，又契合其王者风范及勇往直前的人文精神，可谓形神兼备，超凡脱俗。

1990年2月，旅菲爱国侨胞黄光坦、黄光赞昆仲捐资兴建石狮城雕，由厦门著名雕塑家王则坚教授设计，取名《东方醒狮》。威武雄健的造型，朝气蓬勃的神态，孔武有力的线条，充满动感的姿势，象征着石狮人博大的胸怀、开阔的眼界，以及开拓创新、爱拼敢赢的情怀。因此，《东方醒狮》城雕荣获“福建省新中国成立以来城市雕塑建设成就奖”，享誉海内外。

2018年9月，由故宫博物院、石狮市人民政府主办，石狮市博物馆承办的“故宫狮文化珍宝展”对外免费开放，这是

故宫博物院首次在县级市举办狮文化特色展，引发民众和媒体的广泛关注。展览重磅推出丝路山水地图、明代掐丝珐琅狮形香薰、清代寿山石狮钮“所宝惟贤”印玺等41件与狮文化相关的文物珍宝，把明清宫廷中博大精深的狮文物精品浓缩在展览中，让参观者从中了解狮文物的艺术价值和中华优秀传统文化的丰富内涵。石狮市博物馆精心打造的常设展览《闽台狮文化》，也荣获福建省第一届博物馆陈列展览优秀奖，成为全国唯一以展示“福狮”文化为特色主题的县级博物馆。

一方水土滋润一方文化。石狮地名的形成与城市历史的演进，形象地将“福狮”智慧、威猛、勇敢、奋发的文化内涵与福建人自强不息的人文精神完美地结合在一起。尤其改革开放以来，石狮取得的骄人业绩，更是福建人解放思想、先行先试、锐意创新的典型代表。

习近平总书记强调，中国梦“必须紧紧依靠人民来实现，必须不断为人民造福”。不驰于空想、不骛于虚声。“福狮”文化蕴涵造福、共享、包容、拼搏的时代特征，与福建人民自强不息的人文精神完美地结合在一起。福建人民奋发图强、锐意创新、勇毅前行的伟大实践和辉煌成就，赋予“福狮”文化鲜明亮丽的时代价值。“福狮”文化充满敢拼会赢的人文气质和精神力量，也始终激励着福建人民不负韶华，砥砺奋进，创造更加美好的未来。

闽王庙点燃生态“福”字香

林传仁

地处邵武市东部的卫闽镇谢坊村，是中央苏区村、南平市新农村建设（示范）试点村。这里有一座闽王庙，坐北朝南，紧挨着316国道。数百年来，庙里烧的都是一种生态“福”字香，这在全省都属罕见。

闽王庙烧的“福”字香，烧法传承至今，始终未变。“福”字香的烧盘为铁器，制作“福”字香的原料为山茶籽壳碾成的粉，底料为燃烧干净的山茶籽壳粉尘。即便是“废物利用”，在烧“福”字香的过程中，也尽力做到“减量”和“综合”，即一盘“福”字香，仅用十来克的粉，且能将日积月累的粉尘

◎“福”字香盘

用于肥田种植。

“一盘香烧六七个小时，每天只烧一盘，都由我制作、放置、点燃。”79岁的陈锡发，当场示范制作全过程。闽王庙内四周，齐整地摆放着一盘盘燃着的“福”字香，却没有烟雾弥漫的熏人味。

闽王庙与其他佛教寺庙不太一样，主要供奉的是闽王王审知。王审知治闽，实行保境安民政策，整肃吏治，轻徭薄赋，省刑惜费，鼓励垦荒，兴修水利，建城池，办学校，招纳中原名士，积极经营海外贸易，为当时闽地的社会稳定、经济文化发展和人民安居起了积极作用，被八闽人民尊崇为“开闽王”。由于王审知曾在此屯兵屯粮，清康熙时期当地百姓始建闽王庙以祈求国泰民安。

在这里，闽王的诞辰和忌日都要举行祭祀活动，每年正月初六还有闽王巡游活动。闽王庙虽在一个小山村，影响的范围却不小。前来闽王庙祈福的人，有本村和周边乡村的人，福、厦、漳、泉等地也有不少人前来祭祀，烧“福”字香。民间把闽王当作普遍崇拜和信仰的神祇，既表达了当地群众对王审知贡献于福建的尊崇，又饱含着自己对吉祥幸福最原始、最普遍的祈愿。

近年来，当地政府充分意识到祈福文化的客观存在及其独特的社会传承价值，通过对闽王庙里“福”字香的文化内涵进行深入挖掘和整理，去其糟粕，萃取精华，将祈福文化作为一项民间特色品牌加以宣传和推广，弘扬爱国爱乡的闽王精神。

现今闽王庙已被改造成一个祈福文化馆。进入庭院大门，便是一个占地面积200多平方米的长方形小坪子，坪子两侧的墙体上有着“福”字香的制作及烧法图片。他们依托于民间对闽王的信仰，以闽王庙为中心，有效引导“过火焰山”、秋收后唱“大戏”庆贺五谷丰登、做“福气米丸”等一系列祈福民俗活动。

◎祈福大戏

谢坊村将祈福文化与推动美丽乡村建设、乡村振兴紧密结合起来，组织学习和领会“幸福是奋斗出来的”真谛，不断提升卫闽镇水果、油茶、食用菌等传统产业发展质量。如今，包括谢坊村在内的卫闽镇乡村，村庄井然有序，街道卫生整洁，一派幸福的美丽乡村场景……

闽台福文化根基深厚

黄诗娴

“福”是中华民族的文化基因和精神追求，福建以“福”命名，有着丰富的福文化资源和精神内涵。同时，福文化随着历史上闽人迁台而在台湾地区不断传播、弘扬与转化。可以说，闽台深厚的福文化根基，是两岸血脉亲情关系最好的佐证。

闽台福文化的生活民俗表现之一就是“吃福”。每年的很多重要日子，闽人注重通过丰盛的食物来庆贺。台湾的饮食文化与福建一脉相承，“台菜”正是由闽南菜而来的。1949年后，不少来自大陆各省的军民将家乡的美食文化带到台湾，例如面饼、馒头等北方面食，台湾的饮食文化便形成以闽菜为基础，并且受到各方菜系影响的多元口味。闽菜招牌“佛跳墙”，至今仍是台湾喜庆宴会、过节年菜中的佳肴。

台湾“办桌文化”的历史要追溯到清代，“办酒”的宴客文化随着福建人的迁居而到台湾。在结婚喜庆、乔迁入厝、弥月庆生、祭祀庆典等场合，闽台地区都会举行“办桌”的民俗筵席以庆祝。清代台湾方志中可见这样的记载：“家有喜事及岁月时节，宴客必丰”“肴罄山海。”清中叶，士绅阶层兴起，亦有在私人园林的花厅中举办由专业家庭厨师料理的宴会。“办桌”习俗在闽台地区，既代表了闽台人对美食的讲究与追求，也代表了闽台人对重要纪念活动与日子的仪式感。菜式选择与命名包含许多美好的寓意，宾客座位的排列与上菜顺序也十分讲究。“办桌”通常由“总铺师”负责主导菜色与流程，“总铺师”在台湾则衍生成为继承传统且守正创新的职业。

闽台深厚的福文化还体现在“祈福”上。海神妈祖信俗是闽台最著名的民间信仰，在两岸均拥有众多信众，寄托了依海而生的渔民对平安的祈愿。“三月疯妈祖”是台湾重要的民俗文化活动，指的是在妈祖诞辰的农历三月，各妈祖庙宇举办形式多样的庆典纪念活动。台中大甲妈祖绕境进香被认为是“世界三大宗教活动”之一，每年有数百万信众参与庆典活动。

春节丰富的礼俗也是闽台人“祝福”“接福”的重要表现。闽台人过年，会制作“红龟粿”“发粿”“菜头粿”“丁仔粿”等年糕，寓意长寿、发财、好彩头、添丁等。农历十二月二十四“送神日”、大年初四“接神日”、正月十一“吃福”、正月十五闹元宵，闽台的春节充满仪式感。特别是正月初九“拜天公”，指的是玉皇大帝圣诞祭拜仪式，为闽南和台湾地区春节最热闹的民俗。与闽南人相同，台湾人也会用生仁、红豆、柿子和花生等带有吉祥平安意涵的年节供品，以及凤梨（旺来）、苹果（平安）和柑橘（吉祥）等水果，敬祈平安和顺、行运发财。

闽台的传统建筑、民间技艺也无不体现福文化的丰富内涵。例如，台湾的雕刻技艺主要由闽人的木雕技艺的传播而形成，从建筑雕刻、神像雕刻到器物雕刻，较多地运用了平（瓶）安如意、五谷丰登、吉庆有余（鱼）、松鹤延年等图案，成为传递美好寓意的生活艺术。台湾有着众多的庙宇建筑，主要承袭闽南建筑风格，以较具有特色的剪瓷雕，将龙凤、福禄寿三仙、双龙戏珠图案刻在翘脊燕尾飞檐之上，记录并呈现了台湾的历史与人文。台湾有众多中国古典宫殿式建筑，如台北故宫博物院作为收藏中国国宝古物的建筑，呈中国宫殿式楼宇飞檐楼阁、黄边蓝瓦风格。位于嘉义的台北故宫博物院南院以中国水墨画的飞白、浓墨与渲染三种技法，分别打造出飞白馆、墨韵楼两栋楼。

闽台的民间艺术也记录、传达了闽台人的精神寄托和对“福”的向往。例如，闽南语族群中最兴盛的传统戏曲之一歌仔戏，于1900年前后产生于台湾宜兰，以闽南语演唱文言文和白话文为主。20世纪20年代，台湾歌仔戏团到漳州白礁慈济宫进香并演出，大受欢迎，漳州遂即成立歌仔戏班，后更名为“芗剧”，也传入厦门，流传于福建闽南地区。歌仔戏最著名的“四大柱”——《陈三五娘》《山伯英台》《吕蒙正》《什细记》均来源于中国古代民间传说与历史人物。再如布袋戏，清朝时期随着闽南移民进入台湾，多采用武侠小说为创作蓝本，而后陆续发展为以传统文化与武侠故事为主、以民间文化习俗为辅，表演中强调忠、孝、仁、义、德等中国传统价值观。如今，歌仔戏、布袋戏被广播、电视、电影等形式广泛转化与运用，呈现出新的生机与活力。

不同时期的闽人迁台，将福建的饮食、信仰、民间技艺、艺术文化带到台湾，将福文化的多元样式也带到台湾，代表中华民族精神追求的福文化在闽台两地深耕，形成丰富的人文景观，也成为闽台一脉历史的见证与记忆。

闽台古建装饰福寓意

陈建芳

中国古代的建筑除了提供给人们以居住、活动的空间之外，往往还在建筑的柱础、横梁、屋顶、门楣、窗棂等处设计了各种装饰。普通百姓的住家装饰相对简单、朴素，而比较富裕的家族，则耗费巨资聘请能工巧匠为自己的豪宅作繁华的装饰，至于神、佛所居的宫庙，士农工商都乐于捐献，其装饰更是富丽堂皇、巧夺天工。

闽台地区古建众多，其装饰艺术的类型也有多种，包括石雕、木雕、剪黏、彩绘等，尤以石雕和木雕最为常见。石雕建筑装饰的位置通常出现在山门牌坊、石阙、石亭、石塔、石经幢、石龙柱、斗拱、雀替、屏风、壁堵、雕窗、大门等，而木雕建筑装饰的常见位置有插角、员光、步通、格心、绦环板、余塞板、裙板、斗座、瓜筒、花罩等。

楼庆西教授在《装饰之道》中指出，建筑装饰通常采用象征与比拟的表现手法，包括形象比拟、谐音比拟、色彩比拟与数字比拟。王庆台教授在其专著《四点金》中，将装饰图案的题材分为四大类：花鸟、人物、走兽、集瑞。通过生动形象的艺术手法的运用，各类题材的雕刻装饰都包含了特定的吉祥寓

◎台北孔庙的“祈求吉庆”图案

◎永泰县长庆镇中埔村中埔寨木雕中有两只螃蟹夹着芦苇，寓意科举高中

意，有着浓烈的福文化意韵。

古代科举甲科及第的人，他们的名字附在卷末，用黄纸书，被称为黄甲。科考一甲第一名为状元，二甲第一名为传胪，三甲第一名也称传胪。此外，金殿唱名也称为传胪。福建永泰县长庆镇中埔村中埔寨木雕装饰图案中有两只螃蟹夹着芦苇，螃蟹为甲壳类，通“甲”；“芦”则音同“胪”，此图寓意科举高中。有时图案中的螃蟹会被龙虾所替代，龙虾同样也是甲壳类，其寓意相同。

如果只是富贵和高寿，仍属美中不足，还需父慈子孝、家庭和美，才能尽享天伦之乐。“二十四孝”反映了旧时百姓对家庭和美、尊重长辈的追求，该主题也是匠师们最喜欢创作的题材之一，如台湾地区新北市三峡祖师庙的石雕“杨香扼虎救父”、福建泰宁县博物馆的木雕“闵子骞芦衣顺母”。

在闽台地区的宫庙、祠堂等古建筑装饰中，最为常见的雕刻图案就是祈求吉庆。台北市孔庙的祈求吉庆图案，内容包括旗（彩旗、令旗）、球（通常是彩球）、戟（戈和矛的合成体）、磬（古代乐器，孔庙常见），这4个物件单一并不具备吉祥寓意，但是连起来取其谐音，即是“祈求吉庆”。图案通常分为两幅，“祈求”和“吉庆”往往分列于宫庙三川门外的左右对看堵上面，以石雕居多，图案样式通常为一位将军手持旗球，另一个持戟和磬。将军形象不是必不可少的，有时亦可省略。

从闽台古建筑装饰中的吉祥寓意可以看出，福文化是海峡两岸中国人的共同文化，求福、求富是海峡两岸中国人的共同梦想，这个梦想勾连了两岸中国人的华夏血脉和共同福祉。

台湾地区福文化漫谈

吴巍巍　景惜颜

福文化作为中国土生土长的一种大众文化、民俗文化，贯穿华夏5000年文明的始终。在我国台湾地区，福文化同样也浸润在城市的街头巷尾，根植于百姓的衣食住行，折射出中华民族生活的价值观。

从呱呱坠地的婴儿，到寿终正寝的老人，中国人有一套完整的人生礼仪习俗，蕴含在不同人生阶段亲友的希冀与祝福中，这在中华文化一脉相传的台湾地区也不例外。孩子从出生至周岁，有“三朝礼”“弥月”“周岁”等庆礼，其舅家必须给外甥送来从头到脚的全部服饰，以预祝其长大之后成为“有头脸”的人物。

孩子新生时，应先以父亲或其他家庭成员的旧衣服将其包裹起来，希望借这些人的福气保佑，不使新生儿受到邪恶的侵犯。“洗三朝”之后，新生儿必须穿上“和尚衫”，根据“十不从”中的“老从少不从”和“儒从而释道不从”，穿此种明代右衽形制的和尚衫，实际是为了表示不忘明朝，穿着起来却也有方便和舒服的好处。

许多中国传统节日习俗都在台湾地区很好地流传了下来，

比如影视剧中常会出现放天灯许愿的浪漫桥段，曾让许多观众印象深刻，其中以平溪名气最大，据说已有200多年历史。地处山区的平溪乡旧时常有山贼出没，当地村民岁末收成后，就会带着财物躲进深山，直到元宵前夕才派壮丁返回村子查看，确定安全后就放飞天灯，以此传递平安的讯息，告诉大家可以回家了。日本殖民统治时期，百姓为了躲避日军也用同样的方式。而今，每年元宵节都会举行盛大的活动，人们把愿望写于彩色天灯上，千灯明似星，万人流如织，乘风而逝的美好祝愿映照夜空与人心。

在“夜放千花树”的元宵佳节，常见台湾地区的已婚妇女穿梭行走于灯下，这是因为台湾地区俗语有言：“钻灯脚，生男孩。”闽南语“灯”与“丁”同音。她们还要到注生娘娘寺庙进香，祈求保佑生个男孩。这天，未婚的少男少女则可以“小偷小摸”图吉利。按习俗说法，少女在元宵夜能偷到他人种的“葱”或“菜”，就会有个好的将来，因为谚语说：“偷得葱，嫁好尪（老公）；偷得菜，嫁秀才。”未婚男子则偷人家墙头的老古石，有“偷老古，得好妇”的说法。

年夜饭是一年到头最重要的一餐。在台湾地区，旧时人们会在桌下放一烘炉，寓意全家兴旺、钱财源源不断。现则以火锅、砂锅取代。年夜饭一定要吃“长年菜”（芥菜，表示长寿）、韭菜（谐音“久”），吃时一根一根从头到尾，不横食，不咬断，年寿才能“久久长长”。吃萝卜表示好彩头；吃全鸡表示全家福（鸡与家谐音）；吃蚶取繁殖力强之意，并将蚶壳放在床下，表示多生子孙；吃鱼丸、虾丸、肉丸取三元及第之意。

此外，还有谐音“都福”的豆腐，“连年有余”的蒸鱼，象征“福禄”的腐乳肉。饺子更是福气满满的一道菜，既寓有“更岁交子”之意，代表着一元复始、万象更新，又以其形状有如元宝，希望吃了之后可以招财进宝。

自古以来，中国人渴望通过对神灵和祖先虔诚的敬献，获得福佑与安康。这在民间信仰氛围浓厚的台湾地区表现得尤为突出。台湾地区人民普遍信仰天后妈祖，每年春节后第一次出海，渔民都要到妈祖庙进香，祈求妈祖告知出海的良辰吉日……按照习俗，在农历每月初二和十六这两天，做生意的人都要在门前以牲礼菜肴行祭拜之礼，俗称“做迓”或“做福”，都指拜土地公，表示迎财接福。“迓”是迎接的意思，一般写作“牙”。二月初二这天是大日子，供品会格外丰盛，因为这是一年首次做迓，称为“头迓”。拜完后，商家、地主多会以拜过的牲礼菜肴宴请所有雇工享用，以慰辛劳，这叫作“食头迓”或“食福”。

所谓“福菜”，是以大芥菜为原料，经过曝晒、搓揉、腌渍而成的腌菜。它是客家菜烹调的重要食材，台湾苗栗县公馆乡出产的福菜产量占台湾地区三分之一，被誉为“福菜之乡”。2011年，苗栗县1500名民众齐踩福菜，创下吉尼斯世界纪录。对客家人来讲，福菜就是他们心中最亲切的时光味道，无论身处何地，喝上一口冒着热气的福菜汤，暖意涌起，仿佛自己又回到了家乡。

闽台捕鱼人都尊渔船为“木龙”，认为鱼虾服龙，木龙可保年年有鱼、岁岁丰收。船角下方两侧，通常有一对外围白色、中间乌黑的眼睛，即“船眼”。每逢新船造就，在安装船

◎三多图

◎赐福平安窗

眼时，都要举行相袭成俗的“定彩”仪式。船主先择定吉日，再用五彩丝线连同船眼一起钉在船头，然后用新的红布或红纸套在船眼上，即为“封眼”。待新船下海，在欢快的锣鼓鞭炮声中，船主将红布或红纸揭去，意为木龙“启眼”，亦即画龙点睛之意。另外，闽南和台湾地区渔民造船时，喜欢把铸有“乾隆通宝”字样的古铜钱作为“船魂灵”，定置于渔船水舱。这是借乾隆之谐音，而图其吉祥与龙威。

台湾地区的传统民居、古厝装饰艺术上遍布福文化的密码，需要我们对传统民俗文化有一定了解方能解码。比如常见的《三多图》，由佛手、金瓜（或桃子）、石榴三种植物果实组合而得名，采取谐音、象征手法，代表多福、多寿、多男子。修建房屋从备料到建造再到入住有一整套详细规定，须择黄道吉日，有许多仪式。其中很重要的一项便是新屋落成后要贴对联以示吉利和对未来的祝福，联额大多有“大启尔宇”“千祥集庆”等，对联大多为“祥云择日，凤凰来仪”“瑞霭佳地，福临吉宅”等。

科学推进福建福文化的传播与发展

郑济洲

福文化是中华亿万人民的精神寄托，为每个中华儿女所认同和推崇，是维系各民族人民手足情感、团结各阶层、推动中华民族不断发展前行的文化资源。福建福文化源远流长，中华优秀传统文化是福建福文化的底蕴。福建省第十一次党代会报告上提出的“让人民生活更殷实、更安康、更舒适、更幸福”，是科学推进福建福文化的传播与发展的目标指引。

福建福文化具有政治性、时代性、传承性、地域性、世界性紧密结合的文化魅力。当前，福建福文化建设方兴未艾，推进福建福文化传播与发展需要致力做好以下三个方面。

一是推进“内外共享”型福文化品牌构建，做好三个“坚持”。首先，坚持时代性与传承性有机结合，福建福文化不仅是一种民俗文化、大众文化，也是维系中国人民奋进新时代的政治文化。在贯彻落实习近平总书记关于“两个相结合”重要论述的进程中，须梳理福建福文化的中华优秀传统文化底蕴和新时代特质，挖掘福建福文化的革命资源，设计具有福建特质、中国特色、世界格局的福建福文化品牌标识。其次，坚持理论性与实践性有机结合，组织国内外智库、专家学者研究、阐释福建福文化的理念内涵、历史渊源和发展现状，撰写介绍福建福文化的书籍、论文，构建福文化研究的福建高地。最后，坚持世界性与地域性有机结合，在博采众长、开放创新、包容互惠中促进福建福文化“和而不同”、兼收并蓄的文明交流，打响福建福文化的世界品牌。发挥福建福文化的符号向心力，能够凝聚福建人民、海外华侨、对中华文明认同的外国人士的发展共识，发挥海内外福文化传播人的重要作用，守住福建福文化之根脉、留住海内外福建人的文化乡愁。

二是推进“多方协作”共建式福文化产业模式，做好三个“推动”。首先，推动辐射全球的福建福文化产业发展，立足福建福文化的民族性资源，借鉴先进理念、技术，在艺术、娱乐、康养、出版等方面实现有效的交流协作，在“不忘本来，吸收外来，面向未来”的文化方略中推进福文化产业的高质量发展。其次，推动联动福建福文化产业发展，福建作为全国唯一地名带“福”字的省份，要做好福文化传播的排头兵，援引兄弟省份推进福文化的先进理念、有力政策和有效做法，尤其要注重与台湾相关文化企业的共建，运用好福建福文化的政治优势、地域优势、资源优势，实现文化效益与经济利益的双向升级。最后，推动统摄全省各地的福建福文化产业发展，进一步扶持福建福文化文创企业、设立福文化知识产权地方法、保护福文化非物质文化遗产、打造福文化博物馆，发挥市场对于文化发展的带动作用。

三是推进“精彩纷呈”大众化福文化实践活动，做好三个“内化”。首先，将福建福文化内化于理性的民俗活动之中，在每年的节庆假日发动各设区市、海外华侨组织开展与福文化相关的活动，运用数字化信息系统实现福文化线上与线下的同步发展。借助春联、非遗手工产品、吉匾、吉语、剪纸等文化载体，将福文化与民众喜闻乐见的习俗紧密相连，进一步促进福文化融入老百姓的日常生活之中，在润物细无声中让人们接受、理解、传承福建福文化。其次，将福建福文化内化于系统的福建旅游之中，进一步打造历史文化、红色文化、绿色文化“三位一体”的福建福文化旅游格局，以绚丽的旅游资源和积极的政策吸引国内外游客到福建感受福文化，领略古往今来八闽儿女追求幸福、勠力同心的文化进程。最后，将福建福文化内化于科学的社会教育之中，在全省各市建设具有坚实的专业素养、文化底蕴、教授能力的文化宣传队，推动新时代文化建设与福建福文化建设的同频共振，进一步推进家庭—学校—社区—单位四位一体的福建福文化实践场域建设，促进福建福文化入家风涵养、入课堂教育、入志愿实践，形成全民共建福文化的福建格局。

福建福文化以“奋斗是福”“团结是福”“平安是福”为建设旨归，维系着福建人民、中国人民、世界公民共有、共建、共享的福文化家园。福建福文化具有稳定的精神标识，又具有多元的文化形式，在浓郁的乡土风情和独特的文化氛围中凝聚着福建人乃至全体中国人在新时代的奋斗幸福观。科学推进福建福文化传播与发展，须立足“世界福”战略定位、运用“中华福”的文化资源、唱好“闽台福”的区域优势、确定福文化的价值体系、打造“福建福”的品牌特质。福建“福”的文化建设是体系化的智慧创造，须用哲学理论去解剖、分析、整合和创新，将其上升到文化哲学的高度；也须精细地实体展现，在实践中实现其传播渠道、运营模式、创新范式的推陈出新。人类社会每一次跃进、人类文明每一次升华无不伴随着文化的历史性进步，福建福文化的传播与发展在任重道远中昭示着新时代、新福建的光明坦途。

弘扬福文化，助企共襄中国梦

王立凤　邱吉福

现代伦理学从个人和社会两个层面出发，在研究人与人以及人与自然的关系中，指出人应该怎么活，为了追求幸福生活应该如何做。对此问题，华夏文明历经5000多年，在发展中求同存异，给出了相应的答案，福文化就是其中的一个代表。

福文化的多维含义

“福”字是我国最古老的文字之一。从创造之初，“福”字就被赋予美好寓意：人们手捧酒器祈祷神灵护佑，既有幸福生活的物质展现，也有心灵慰藉的精神诉求。随着经济社会的发展，“福”字的含义也被延伸、丰富与完善，几乎涵盖了国人对一切美好愿景的描绘，是深植于民俗文化之中的价值追求。基于个体角度，从《尚书·洪范》中的“五福”发展到民俗文化中的“福、禄、寿、喜、财”，概括了百姓追求幸福的物质保障，最终抽象为福气、运气，福运连绵成为人们精神上对幸福生活的概括与总结。社会层面的“福”，是国人在探讨个人生存哲学的同时，由个体到群体、由内在到外在的人生价值思考与判断。中国人追求的“福”，不仅仅是独善其身的小福，还有兼济天下、共达于善的大福。这一点在中国近现代史中得到证明：前有无数革命先烈放弃优渥的物质条件，舍小我、行大道，在中国共产党领导下，使中国实现了从皇权专制受帝国主义欺凌向人民民主的伟大飞跃；一代代社会主义建设者在践行中国特色社会主义过程中，从让一部分人先富起来到全面建设小康社会、实现全体人民共同富裕，再到为中华民族谋复兴，为人类谋进步，为世界谋大同。这是中国人对福文化的特有解读，也是其对幸福生活、美好未来绘制的蓝图。

如果我们把“福”作为人生理想目标的一种反映，那么统合“福”的多维含义，在个人与社会层面实现福气满满、福运绵长，进而成就福星、福门、福地，就是弘扬福文化的根本要求。五福作为传统“福”文化的主要内涵，是一个完整的有机体，不同要素间相生相息、相得益彰。与五福相对的是“六极”，即通常所说的“祸”。老子“福祸相倚”的观点，阐述了福祸相互转化的内在机制及过程，强调世间没有绝对的福与祸，告诫人们要居安思危，不能忘乎所以，才能趋利避害，达成幸福。为此，人们要懂得知福、惜福、积福，防止祸依福而至，更要修福、造福，化被动为主动，将追求幸福的行为引导到正途上。具体到行为层面，于个人，强调厚德载福，“慎独自律、修己安人”是提高自身修养、造福社会的主要途径。抛开个体来看对“福”的理解，则指无祸，也指“百顺之谓福”，是古人对伦理秩序和谐正当的基本要求，最终表现为人际、社会内的和平、和睦与和谐，也即顺应自然、天人合一的和合思想。从家庭来讲，是“家和万事兴”“积善之家，必有余庆”。《礼记·礼运篇》则为我们描述了“大道之行也，天下为公”的理想社会形态。当下，社会主义核心价值观也是从国家、社会和个人三个层面进行解读，为我们指明逐梦方向。

福文化在企业中的转化

企业作为市场经济的主体，其经营要顺应人类追求幸福生活目标的需要，国人爱“福”，企业在物质与精神层面就会处处映射出“福”的寓意，具体表现为以下三个方面：

企业产品中的“福”。中华五千年文明发展，沉淀了大量福文化产品。以春节为例，纳福、祈福是节日的核心内容，其中，爆竹用来除秽避邪、破旧迎新；春联用来避邪除灾、迎祥纳福。此外，还有福袋、福钱、福字……所有这些都被乐观的中国人赋予了中国红，向外传达吉祥、喜庆、红红火火的好兆头。春节期间，企业也会借由产品输出“福”信息，例如为产品换上喜庆的红色包装，或添加生肖年式样的吉祥符号等。日常的生产经营中，企业也会根据消费者需要设计他们的福产品。

企业品牌中的“福”。福文化的核心内涵与美好寓意都与国人心理高度契合，将福文化注入品牌，有助于企业品牌的推广与传播，可为企业带来巨大的经济效益。例如，隐含土地丰收寓意的福临门、福满楼、福满多等食品加工、餐饮业品牌，满足百姓基本需求的超市品牌家乐福、大福源等。这些品牌的产品与百姓生活息息相关，消费者在消费这些产品的同时，通过品牌效应还获得了多福、福到、享福的美好感受，很容易形成对品牌的忠诚度，提升企业的行业竞争力。我国民间有“招财纳福”“福禄双全”的说法，也说“财生福地福生财”，将品牌以“福”字命名，既有彰显企业有福之意，也包含生意兴隆的意愿。

企业文化中的“福”。福文化还可以内化到企业，反映的是企业如何实现对“福”的追求。概括来讲，企业的福文化主要有两种表现形式：一个是惜福文化，另一个是家园文化。企业的惜福文化基于“福祸相倚”观点构建，员工能够感受到企业的关心，感恩企业对自己的给予，愿意主动承担责任，自觉以组织整体绩效为努力方向，以实现企业更快发展。企业的家园文化则从和合思想出发，在企业中营造家园氛围，强化员工对企业的归属感与认同感，使其愿意以“主人翁”身份参与企业管理。

企业的最高境界在于造福社会

要实现个人“福”向社会“福”的跨越，需要我们主动修福、造福，把小我融入大我，同心共筑中国梦。企业是实现中国梦的重要基础，将企业“福”向中国“福”推进，更需要企业家主动承担社会责任。福建籍企业家通过一代代人的努力，践行着“达则兼济天下”的理想，其中的代表是：

陈嘉庚作为爱国企业家的典范，被誉为“华侨旗帜，民族光辉”。他经营企业，以“挽回利权、推销出品、发展营业、流通经济、利益民生”为宏愿。他认为“国家之富强，全在乎国民；国民之发展，全在乎教育”；教育之命脉系于经济，所以兴学就是兴国，兴国方能兴家。陈嘉庚心系的不是个人或企业的小福，他立足大我，秉持兼爱原则，将个人与企业之福延伸至国家与民众的大福。陈嘉庚一生创办和资助的学校有118所。在他的影响下，华侨企业家在家乡捐资兴学蔚然成风。时至今日，仍有大量的集美校友积极参与家乡教育与经济建设，为祖国繁荣昌盛做贡献。

曹德旺是当代企业家造福社会的榜样。他强调："人活一世，就是为了给他人带来幸福。"他创建的福耀集团以"发展自我，兼善天下"为责任，誓"为中国人做一片属于自己的玻璃"。据统计，曹德旺的个人捐款累计已过百亿元，主要用于救灾、助学、解困等。他成立的河仁慈善基金会，于2021年出资100亿元建设福耀科技大学，旨在培养国内新兴产业急需的研究型、复合型、实用型人才，解决我国当前应用型、研究型人才断档问题。曹德旺说："企业家的责任有三条，'国家因为有你而强大，社会因为有你而进步，人民因为有你而富足'。"借此，他将个人和企业的小福与国家和社会的大福联系到一起，努力探索当代民营企业发展。

做好福建节庆福文化的转化利用

孔旭红

习近平总书记多次指出，要保护好、传承好、利用好中华优秀传统文化，挖掘其丰富内涵，以利于更好地坚定文化自信、凝聚民族精神。福文化集中概括和体现了千百年来中华民族对美好生活的向往，是中华文化的基本内容和重要元素。

特殊的地理位置、独特的气候条件和丰饶的风土物产，加之古越族与衣冠南渡的中原文化的碰撞和融合，孕育出了福建异彩纷呈的传统节庆习俗。这些习俗既继承了中原节庆的形式和内涵，又形成了福建节庆的独特风格和方式，具有“华夏文化和合”的典型特征，展现出绚丽的文化景观，释放出丰富的精神内涵，凸显出独特的福建生活方式，在物质层面、行为层面、精神层面勾勒出一幅生动的福建福文化图谱。

丰衣足食之福

华衣美食是节庆不可或缺的主角。取“太平”“平安”之吉利寓意的福州“太平肉燕”；“荏苒光阴报岁残，娇娘和粉做春团”，寓意“团团圆圆、红红火火”的莆田红团；象征

“长长久久、长命百岁”的宁德特色菜地瓜扣；寄托“吃金丸、中状元”美好愿望的漳州金丸……这些独具地方特色的美食是唤起家乡味道、唤醒文化认同的最佳载体，与喜庆热闹的节日装饰和活动一起，营造出一种物阜民丰、安定富足的景象。

国泰民安之福

对内厘清吏治、对外纵横捭阖，百姓安居乐业、国家风调雨顺，政通人和、长治久安，这些自古以来可谓上善之福。在“农民丰收节”的喜悦里，感受农民满满的自豪感、幸福感和获得感；在南后街的沉浸式灯会，亲历“宝马雕车香满路，凤箫声动，玉壶光转，一夜鱼龙舞”的繁盛景象。福建是习近平同志工作十七年半的地方，也是习近平新时代中国特色社会主义思想的重要孕育地和实践地。新福建建设的喜人成就和新时代福建人民的幸福生活，是福建学习践行习近平总书记“世界上最大的幸福莫过于为人民幸福而奋斗”情怀的真实写照和华彩篇章。

敬惜感恩之福

惜福、感恩是福源长久的保障，福建很多节庆习俗体现了闽人感恩、不忘本、慎终追远的道德意识。一是敬祀神灵，感恩庇佑。福建自古就是多神地区，成百上千的大小神灵、数以万计的宫观祠庙伴生出难以计数的神诞日和节庆，人们用各种信仰仪式，以及万民参与、倾城狂欢的方式，表达着对神灵的崇敬和感激。二是感恩父母，尊敬祖先圣贤。福州特有的拗九节强调了“孝”“顺”与“和”的内涵；莆田做“大岁”纪念戚继光；漳州“吃福节”纪念唐代开漳将领陈政、陈元光。这些都体现出闽人饮水思源、报本反始的精神。三是敬畏自然，感恩所有。农历二月福建各地举办百花生日、祭花神；南平樟湖坂一带举办蛇王节，表达对大自然的虔诚和恭敬。这些活动构成一幅幅生动鲜明的民间文化图谱。

友善团结之福

宋代大儒朱熹提出“为善则福报”，对人友善、社会和谐是为福。福州人在七夕与邻居、好友、亲朋分蚕豆，闽侯人夏收后“过半段”，邻里之间其乐融融。农历四月初八，瑞云畲族歌会与境内千年古刹瑞云寺“浴佛节”相融合，逐渐形成了独特的福鼎瑞云畲族歌会。闽台传统节日与民间信仰、祖先崇拜和宗族文化同宗同源，妈祖、关帝、开漳圣王文化节、闽台

◎中共福州市委文明办公益广告

对渡暨蚶江海上泼水节、两马同春闹元宵等旅游节庆活动，吸引众多台湾进香、观光、探亲团队，增进了两岸同胞感情，促进了两岸同胞共襄盛事、福运相连。

乐观奋进之福

爱拼会赢的福建人民不仅祈福、敬福、惜福、享福，还主动争取幸福、创造幸福，他们用积极乐观的生活态度和务实苦干的拼搏精神创造着幸福，这一点也反映在各种摸福、抢福、添灯祈福、卜卦求福、送福、踩五福、跳火群、乞龟、抓鸭子、抓金猪、乞巧、拜魁星、巡游、舞龙、舞狮等热闹喜庆的节庆活动中，这些花样繁多的节俗仪式和民俗表演表达了对“福”的祈盼、对生活的热爱，极大地丰富了节庆的文化内涵，提升了人们的满足感和幸福感。

对“福”的追求，是流淌在每个中华儿女血液里的精神力量。作为唯一名称中有“福”字的省份，福文化融入了福建文化生活的方方面面，是八闽文化的重要特质。节庆，以大众最为喜闻乐见的方式集中展演着福建福文化，传递、延续着传统文化密码。通过提升节庆旅游开发层次，切实做好节庆福文化的转化与利用，是贯彻习近平总书记“深入挖掘中华优秀传统文化蕴含的思想观念、人文精神、道德规范，结合时代要求继承创新，让中华文化展现出永久魅力和时代风采”重要要求的有效措施，是树立新福建形象、促进新福建发展超越、提升新福建文化软实力、坚定文化自信的重要途径，是做好新时代新阶段新福建文化建设的有力抓手。

首先，要大力推动福文化、节庆、旅游三者的深度融合。福建曾探索将福文化融入旅游发展之中，先后提出“福天福地福建游”的旅游宣传口号，举办首届国际幸福日暨“世界福”发布会，着力打造“全福游，有全福”旅游品牌。当前，要聚焦人民幸福这一“国之大者”，弘扬福文化，推动福文化创造性转化、创新性发展，让福文化在新时代绽放璀璨的光芒。要在福建省文化旅游融合发展的基础上，对福文化、节庆、旅游进行战略性、系统性谋篇布局，在推动三者紧密结合、深度融合上下功夫。突出福文化引领作用，激发旅游的市场放大和带动作用。特别要用好传统节庆能给人们带来吉祥喜庆、顺遂美好强烈共鸣的功能，发挥传统节庆的平台、载体和途径作用，使三者在要素资源、产业业态、功能效用、服务管理、规划战略等方面相互渗透、相互交融，通过思路方法创新实现产业价值创新和社会效益提升。

其次，要加强福文化节庆品牌体系构建。目前福建节庆旅游开发存在着主题节庆品牌官方色彩浓重、民间参与不足，缺少福建福文化节庆主打品牌，节庆精神内核和在地文化体现不足等问题。要为福建贴上“福”的标签，也要为“福”贴上福建标签，让闽式生活方式自带“福气”，讲好新福建幸福故事，培育若干能反映福建在地文化的“福字号”特色节庆品牌并形成体系。可考虑确定“福建”之名由来的“福山”董奉山作为福文化祖庭，建设福文化主题公园，每年定期举办福文化节，打造“福缘（源）福建，福我来建”节庆主打品牌，占领福文化源发高地。同时全省各地要分重点、分主题、分季节建设节庆旅游品牌，政府主导、市场化运营，推动市场广泛参与，打造系列福文化节庆产品体系。

最后，要深入挖掘福建节庆文化的精神内核，做好福建节庆福文化活化利用。活化节庆活动形式，增加非物质文化遗产的展示和利用，强化仪式感，增加福文化在节庆中的可参与性；创新节庆文化及福文化推广方式，如通过影视、歌曲、小视频、游戏、动漫、剧本杀等作品打造福建节庆主题形象，设计节庆吉祥物，以利于福建节庆福文化的有形化转化和推广；做好节庆中福文化的文创产品和旅游商品开发，将福建风物和风情进行有形化推广，实现从无形到有形、从民俗到产品、从文化到产业的转化，使人们获得更加亲切可感的福建福文化独特体验。

福文化在福建非遗中的传承

郑 亮 陈俊桦

党的十八大以来，习近平总书记对文化遗产保护高度重视，多次为地方非物质文化遗产项目点赞，指出："中华文化延续着我们国家和民族的精神血脉，既需要薪火相传、代代守护，也需要与时俱进、推陈出新。"福建传统文化底蕴深厚，进入世界非物质文化遗产名录和国家级名录数量众多，有南音、莆仙戏、送王船、妈祖信俗、水密隔舱造船技艺、厦门漆线雕技艺等极具地方特色的项目。在福建非物质文化遗产中蕴含着丰富的福文化，诸如民间文学中的有福故事、传统戏剧中的福缘唱段、民俗中的节庆祝福，以及剪纸、雕刻等手工技艺中的福文字符号与造型展现等。

在非物质文化遗产日渐深入人心的当下，福建人"福"字名省、"福"字当头，"福"作为"福、禄、寿、喜、财、吉"六大祥瑞之首，总会在生活的日常烟火中与每个人相遇。

戏曲传唱中的福文化

传统戏剧和曲艺非遗中的福文化展演形式丰富多彩。福建民间戏曲历史悠久，以闽南地区为最，闽南戏剧包含优戏与偶戏两大系统。优戏主要包括梨园戏、高甲戏、歌仔戏、四平戏、竹马戏、打城戏等。偶戏则包括提线木偶戏、布袋戏和影戏。

与闽南丰富的民间信俗相颉颃，戏曲在传统乡土社会发挥着多重祈福功能。闽南民间信仰亲切生动，民众广泛参与。民间信仰中的仪式活动都有民众驱凶纳福的寄托，作为进献神明的“大礼”，民间戏曲的演剧活动必然也参与到这一主题的表达中。“扮仙”是祈福仪式非常深入民心的一个环节，民间演戏无论任何剧种，在正戏上演之前，一定先扮仙为民众祈福，然后再表演正式戏文。

所谓的扮仙，顾名思义就是演员扮演天上神仙，向神明祈求赐福。歌仔戏扮仙“三出头”指的是《排三仙》《跳加冠》《送子》。《排三仙》即“福禄寿”三星，演出蟠桃大会为王母祝寿。日戏开锣都必须先演这三个吉祥的节目，来为请戏者祝福，接下来才演出其他节目。

◎莆仙戏剧照

其他常见的扮仙戏还有《封王》《封相》《富贵长春》《五福天官》等，从剧目名字可以看出都是取悦观众、祝福喜庆的内容。在禳灾祈福方面，闽南的傀儡戏历史久远，宋代朱熹任职漳州时就见过当时傀儡演剧。至今，悬丝傀儡戏仍在建庙谢土、制煞、丧礼、庆典、还愿等场合中演出。

日常习俗中的福文化

民俗类非遗名录中的福文化在城乡充满活力、影响面广。在民俗类项目中，节庆、礼俗、庙会、祭祀等活动都具有明显的祝福祈福内容。

闽西客家湖坑“作大福”活动就是极具乡土气息的民俗。“作大福”是以敬神、演戏、会客为主要内容，以姓氏或村为单位，至少敬三天神，演三天戏。“作大福”先要搭建大福场，村民们先在空旷地临时搭建宫殿模式的神厂。神厂前修建一座巨型牌楼作为大门，牌楼两边各竖一根20多米高的木旗杆，分三节按石旗杆一样建造，顶上插各色旗帜。两旁设南北厅，正堂安奉刘汉公王、保生大帝诸神。戏台也是临时搭建的，与神厂相对。

农历九月十一日那天，湖坑人人吃斋，穿上新衣服，家家户户到大福场摆香案。案桌上摆满糖果、糕饼、水果、米斋团等，造型五花八门，有塔形、方形、圆形、山形、莲形等。从农历九月十一日至十五日，按宗亲房族轮流，每天上一供。在大福场举行宴会，宴会结束，“福首”每人带一斤猪肉和一只灯笼回家。十五日晚上演汉剧、木偶戏到天亮，然后送神回

◎"作大福"场景

宫，"作大福"才告结束。

闽西客家在每年的农历正月十五日举办元宵节庆，其中连城县姑田镇的"游大龙"习俗，据传起源于明代，游龙的程序繁多。大年初一的子时到上堡溪边庵迎接“东山福王民主公王”（又称公爹），安放到扎龙头的祠堂里供奉。东山福王民主公王祖庙乃是闽西连城县姑田镇“客家公王第一庙”。大年初一，由擎龙头、龙尾者到本姓各户去分发做龙腰的纸张，便开始扎龙。正月十五日游龙，以神镜响声为指挥信号。上午10时许，三声铳响后，在锣鼓声中“公爹”驾到，并排龙头、龙尾。主祭人是辈分大、福气好的长者，祭祀配乐队。

客家地区保留了自中原南迁时的龙崇拜意识，春节、元宵期间会举办舞龙灯活动。上杭县庐丰畲族乡蓝氏家族在春节、元宵期间舞“草龙”以“游龙赐福”的民间活动习俗一直传承下来。“草龙”又称“香灯龙”“打香灯龙”“打草龙”，整条龙用稻草扎制而成，表演时在草龙身上插上密密麻麻的点燃的线香，舞动时龙身上的香火被风一吹火星四射，在夜色中看去十分壮观。正月初一，先在本村每家进行“游龙赐福”，然后再走其他村落，至元宵前后达到高潮。香灯龙到达时，每家都会用鞭炮迎接，把龙请到自己家中。整个过年期间，乡民们在家家户户爆竹声中，迎来送往着火星飞舞的游龙。游龙到正月二十日结束才举行“送龙”仪式，在鞭炮锣鼓声中将香灯龙焚化，然后收集起化龙后的灰烬，送到附近溪边撒入水中，寓意龙归大海，整个“打香灯龙”活动才告胜利结束。

符号图形中的福文化

传统技艺非遗中的福文化种类繁盛、多姿多彩，寄托着人们祈求祥瑞、辟邪纳福的美好愿望。在福建传统技艺中，棉纺织技艺、印染、制茶、酿酒、印刷等都是强项，福文化的文字和图形符号在福建人吃穿用住等日常生活的各种场景中出现。

手工技艺安溪蓝印花布，始于宋代，明清繁盛。安溪有个蓝田乡，盛产蓝靛草，安溪西支流又称蓝溪，就是溪中漂洗蓝印花布使得水色如蓝而得名。棉花自唐代传入泉州种植，由于本地盛产原料，因此蓝印花布成为古代安溪颇为普及的纺织品。蓝印花布质朴素净，传统图案中有象征吉祥如意的“百福图”成为一款经典。

漳浦地区传承下来的剪纸技艺，在唐宋时期就已盛行，由最初作为刺绣的底样到应用于婚嫁仪式、祭拜活动，明清以后逐渐脱离刺绣成为一种独特的民间艺术。漳浦剪纸构图饱满、对称平衡、线条连贯简练、风格细腻，在表现手法上以阳剪为主、阴剪为辅，画面主次分明、错落有致、富有层次感。在色彩上以单色为主，剪出各种猪脚花、饼花、福禄寿等字形，贴于礼品、祭品上，具有强烈的工艺装饰效果。漳浦剪纸技艺传承人陈秋日作品《福》，在以各种花卉构成的形似灯笼的图案中间突出一个“福”字，寓意花团锦簇、福气满满，寄托了人们对幸福生活的向往，该作品在2000年获第四届中国剪纸艺术

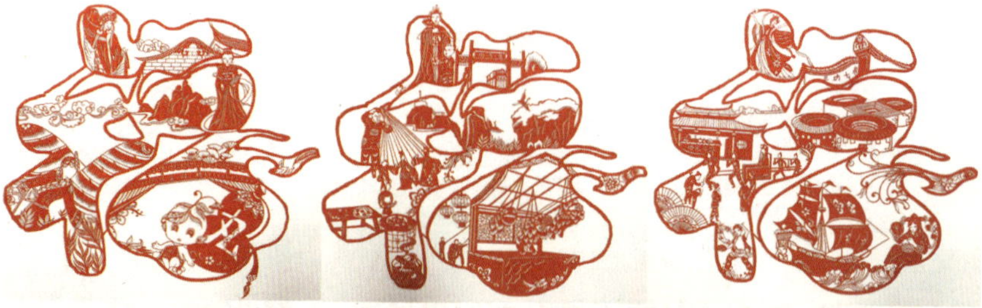

◎福建“福”文化创意设计大赛获奖作品《闽福》（陈水云）

节跨世纪全国剪纸展金奖。

总之，在福建非遗中，“福”满各地，“福”意无边。非遗中的福文化不仅仅是作为一种共享的公共文化资源而存在，还可以参与乡村文化治理，参与城市文旅融合，一些非遗项目可以作为产业，推动乡村振兴，正如习近平总书记所指出的，“积极培养传承人，让非物质文化遗产绽放出更加迷人的光彩”。基于非遗本身所具有的活态性、传承性、生活性、整体性等特点，我们坚信：福文化发展的最好方式就是让其回归民众日常生活，与老百姓对美好生活的向往联系在一起，福在生活，持久传承。

在现代建筑业中广泛融入福文化的建议

林鹭航

现代建筑业不仅是一个城市的名片，更是一个城市的新符号，它代表着一座城市的文明、价值、情感和行为模式。福建作为全国唯一以“福”字冠名的省份，是一个纳百祥、聚万福之地。在这个充满福文化元素的省份里，现代建筑业应当以一种崭新的文明样式，赓续好八闽的历史文脉。因此，推动在现代建筑业中广泛融入福文化、深度展示福文化，将是福建“海纳百川”精神气度的必要展示。

当前，随着福建城市化进程的不断发展，同全国许多地方一样，福建省的现代建筑群也面临着同质化现象严重、缺乏地域风格、与福文化融入不足、特色不强等一系列问题。因此，如何更好地强化福文化与现代建筑业的有效融合、“共创共享”，彰显福建历史文化名城风貌、打造契合福文化主题的现代建筑景观，这些都是非常现实的问题。

聚焦企业，用产品呈现福文化

企业是国民经济的细胞，它的生产和经营直接影响着我国社会经济活动的生机和活力。福建有众多以“福”字开头的知名企业，如福耀集团、福昕软件开发股份有限公司、福光股份有限公司、福马食品集团有限公司等，建议这些企业家群策群力、集思广益，将他们公司设计制造和销售的产品融入福文化内涵，推介给消费者。福耀集团捐建的现代建筑（德旺图书馆、福耀科技大学）设置福文化展区或福文化一览馆，全方位、多角度、多领域向消费者、读者和其他社会大众展示福文化。

另一方面，福文化的产业融合除了建筑业外，也应当致力于系统联动。以产品导向为主，建议将福文化教育从娃娃抓起，让小朋友们读着“福”故事、看着“福”漫画、吃着“福”食品、欣赏“福”建筑，于无声处接受福教育、认同福文化。因为“福”在此时不仅仅是简单的物质满足，更重要的是精神层面上的富足和对美好生活的追求。“福”将成为一个永恒的主题，它要求八闽儿女将其传承下去，发扬光大，成为造福于闽的主流文化。

不拘一格，多角度展示“福之韵”

福文化可通过符号的形式，以图案化、文字化、造型化的手段，形成视觉上的景观效果。将具有代表性的人物和景观如林则徐、郑成功、朱熹、土楼、鼓浪屿等用素描图案造型绘画在墙面，以剪纸、沙画等手法构成生动活泼的视觉效果。将如意、水仙花等福的图案雕刻在现代建筑物（博物馆、动车站、展馆）的显眼处，搭配植物种植，辅以图案化加工，形成福景

◎福建“福”文化创意设计大赛获奖作品《中国福音》景观造型（林丽云）

观园。

以现代建筑的室内装饰设计为例，其中福文化元素与现代建筑的融合是一个不断发展的过程，装饰设计中真正的“福之韵”不是停留在表面，追求形似，而应当是让现代简约的设计与福文化元素实现深度契合和同频共振。

因此，福文化更应当是一个活的文化体系，它深入人心，寓意吉祥美好。把它融入现代装饰设计，不仅传承了传统之“福”，还将室内设计的元素丰富化、风格化，使福文化得到发展，能够更好地被人们接受与传承。

相互融合，全方位表达“福内涵”

我们要深入了解福建历史文化背景和地理环境，深入发掘其地域文化符号和文化内涵，保护和延续闽越非物质文化景观，传承和发扬福建文化特色，使得现代建筑的“福内涵”展现出清新福建的精神风貌，为“机制活、产业优、百姓富、生态美”和“四个更大”的新福建建设注入新内涵。

在城市化建设中，须根据城市特点、海丝文化、民俗传统，分析、提炼建筑设计要素，打造凸显福建地域风貌、彰显福文化内涵的现代建筑景观。一方面，充分利用以榕树为代表的八闽特色植物，形成具有地域特征的植物造景。道路两边以园林景石作为主体，不仅出“景”，增加自然质感，还可以寓意“永固万代”。

另一方面，石头上以寿山石印章的表现形式，雕刻出不同字体的“福”字，表达对福的精神追求，在体现福建传统文化元素的同时，提升石头本身的审美意义，寓意八闽“永福”源远流长。在景石下方底座的设计上，提取代表福文化标识的“闽茶”和“德化白瓷”等元素，演绎成图案符号，刻画在底座体上。通过文字符号、图案符号对福文化的表达主题进行高度概括和提炼。

总之，我们应当聚焦企业，用产品呈现福文化；不拘一格，多角度展示“福之韵”；相互融合，全方位表达“福内涵”。通过产品化、图案化、文字化、造型化等多种方式，推动在现代建筑业中广泛融入福文化元素，形成直观的视觉表达，促进福文化的产业融合。由此及彼，由表及里，在“点、线、面”的不同空间中，借助丰富多样的福文化素材，以谐音、象征等表现手法，将抽象的文化主题进行归纳提炼，转化为不同风格的可视化、可感知的“福”情感诉求和建筑艺术表达。

推进福文化与现代化经济体系融合发展

朱四海

福文化是中华民族的文化基因。福建依山傍海，是全国唯一以“福”字命名的省份，历来享有山海画廊、人间福地的美誉。当前，文化消费成为大众消费的新主流，消费升级为福文化资源向资产、资本转化，向产品、服务转化创造了庞大的市场空间。福建是福文化资源大省，推动福文化资源转化利用正当其时。

福文化资源转化利用是一项系统工程，要紧扣高品质生活与高质量发展的时代脉搏，立足两个基本点：

一是在“五位一体”总体布局中把握福文化。将福文化作为福建省推进中华优秀传统文化现代化的总抓手，纳入经济、政治、文化、社会、生态发展全局，纳入物质文明、精神文明、政治文明、社会文明、生态文明建设全局，生产、生活、生态、福文化一体推进，以生产之福成就生活之福，以生态之福支撑生活之福，以生产、生活、生态之福打造福建之福，以福建之福引领中华民族之福，有力支撑福建奋力谱写全面建设社会主义现代化国家之福建篇章。

二是在“四个更大”发展要求中把握福文化。将福文化融入现代化经济体系，发挥先进文化的引领作用，作为边际要素促进经济发展；将福文化融入新发展格局，发挥超大规模市场优势，在全国发展大局中促进福文化产业化；将福文化融入大众消费，发挥消费对福文化资源转化利用的引领作用，更好满足高品质生活需要；将福文化融入两岸交流合作，发挥福文化交流的基础性作用，探索海峡两岸融合发展新路。

2022年2月，中共福建省委印发《关于推动“福”文化资源转化利用 打响福建“福”文化品牌的实施方案》（闽委宣组办〔2022〕2号），提出以福文化创造性转化创新性发展带动福建文化和旅游产业加快发展，做大做强做优福建文旅经济，助力建设文化强省，并制定了强化福文化研究阐释、构建福文化品牌标识体系、拓展福文化宣传推广、打造福文化文艺精品、发展福文化文旅经济和推动福文化产品走出去六项重点任务。这是一份福文化资源转化利用的顶层设计文件，亟待分行业、分区域制定具体措施，形成“1+N”的政策体系。当前，省委正在发力数字经济、海洋经济、绿色经济、文旅经济，加快构建现代化经济体系。我们认为，推动“福”文化资源转化利用，要立足四个基本点，以文旅经济为核心，推进福文化与现代化经济体系融合发展，培育福文化核心竞争力：

第一，产品体系。福文化资源转化利用，必须落到具体的产品和服务上，建立福文化产品认证制度，重点培育三类产品：一是文艺产品，创作一批反映福文化精髓的诗歌、散文、小说、戏剧、舞蹈、曲艺、杂技、电影、电视、摄影、音乐、美术、书法等文艺作品；二是文创产品，生产一批融入福文化的衣食住行消费品，创作一批融入福文化的动漫、游戏作品，设计一批融入福文化的城市美学作品和乡村美学作品；三是旅游产品，以福文化串联“食宿行游购娱”旅游六大要素，设计一批福文化旅游主题线路和精品线路。

第二，产业体系。福文化资源转化利用，必须落到具体的企业和行业，培育福文化现代产业体系：一是主导产业，重点发展内容制作生产、创意设计服务、文化娱乐休闲三个文化核心产业；二是龙头企业，建立福文化产业龙头企业认证制度，发挥龙头企业的示范带动作用；三是产业链，构建以供应链价值链为纽带、以头部企业为引领、大中小微企业协同发展的福文化产业链；四是产业集群，构建以同类企业的空间集聚为核心，以城市综合体、田园综合体、福文化主题产业园为主要载体的福文化产业集群。

第三，市场体系。福文化资源转化利用，必须打通供给与需求链接通道，促进福文化产品向商品转化：一是要素市场，按照福文化产业化要求优化配置土地、劳动、资本、技术、数据等资源要素，重点整合省级文化产业发展专项资金、文旅发展专项资金、文艺发展专项资金、电影发展专项资金、电视剧网络剧创作生产专项资金；二是商品和服务市场，引导福文化产业形成的产品和服务有序覆盖省内市场、省外市场、境外市场，重点用好厦门文博会、深圳文博会、上海进博会、天津旅博会等展览展会平台；三是市场监管，按照福文化产业生命周期，坚持监管规范和促进发展并重，完善生产者、流通者、消费者保护体系，在发展初期以保护生产者为重点，激励福文化生产力快速形成。

第四，文化圈。福文化资源转化利用，必须突出福建文化特色，促进福建福文化圈的形成和发展：一是省内文化圈，以福州都市圈、厦漳泉都市圈为载体，培育闽越文化圈、闽南文化圈；二是省际文化圈，以客家文化、百越文化为核心，培育闽粤赣文化圈、闽浙赣文化圈；三是国际文化圈，以妈祖文化、朱子文化为核心，培育海洋文化圈、儒家文化圈。省内、省际、国际文化圈，共同构成了福建福文化的市场基础。

“双碳”视阈下促进福文化产业高质量发展策论

张华荣　方　忠

福文化是中华民族的传统文化之一，千百年来，人民群众追求幸福生活的所有生活观念和价值理想都凝聚在福文化中。当今世界正经历百年未有之大变局和疫情相互交织的复杂局面，福文化的思想内涵与时俱进，不断拓展，并且在社会变革和发展中迸发出勃勃生机和新的活力，从而日益彰显中华优秀传统文化的当代价值。

福建有着特色鲜明的地域文化资源，发展福文化产业具有得天独厚的优势条件和产业基础。在当前我国着力推动实现“双碳”目标的背景下，福文化产业凭借其绿色生态、融合度高、可持续性强等特点，具有天然的“低碳”优势，对于优化福建产业结构、增强文化贸易优势、提升居民幸福感、建设新福建有着重要意义。

“双碳”战略目标赋能福文化产业新价值

作为一个行业分支独立经营，福文化产业“低碳化”是指运用“双碳”思维方式将传统福文化产业转型升级，创新传统产业生产经营模式。可见，在“双碳”目标下，福文化产业被赋予新的内涵。一方面，秉承“资源最大化利用”原则，发展福文化产业应减少资源耗费，向环境友好型发展；努力践行“文化生态”理念，充实当代文化产业的内涵，弘扬中华优秀传统文化。另一方面，“双碳”战略目标下的福文化产业应注重创意设计，结合所在地的历史文化环境，依托数字技术进行有效转化，给予广大民众更多的科技体验感，充分满足广大民众的精神文化诉求，实现文化传承保护的使命。总体而言，在“双碳”战略目标下，要实现福文化产业的高质量发展，不仅要遵循文化产业发展的客观规律，还要契合生态与经济协同发展的要求。因地制宜发展特色福文化产业，是对“双碳”战略目标的具体实施，同时也能避免重复性规划开发引起的资源浪费和文化消费市场耗损，从而丰富和优化福文化产品结构。

“双碳”背景下福文化产业高质量发展面临新机遇

疫情防控常态化下，数字融合技术日益成熟，文化消费需求呈现数字化趋势，如何减轻文化产品贸易对物流的依赖，强化福文化数字消费的沉浸体验，成为时下福文化产业必须直面的新课题。近几年，大批数字内容供给和技术装备研发平台的强势涌现，提供了类似智慧创意、数字文博体验以及VR文化等多元化消费体验，使得数字文化产业应用场景日渐增多。因此，应依托数字技术，充分释放福建特色优秀文化的创新力和创造力，激发福建文化市场活力，创新产品服务内容与表现形式，进一步完善福文化产品流通模式，进而优化文化产品结构，增强福文化产业的区域竞争力。

依托文化产业“新基建”契机，有助于打造“福文化+新业态”。要实现“双碳”目标，就应降低各个行业碳排放，首先是建筑业。作为资源消耗型的行业，建筑业除了被动降低新建筑物总量外，优化基础设施也是其减排路径之一。福文化产业低碳化，本身就要求降低对公共文化基础设施的依赖度，要求文化产业基础设施建设转向网络技术新基建，从而减少基础设施建设。当前新基建中的5G、人工智能等技术设施体系的建设，可以为福文化产业数字化发展提供共性技术支持，包括实现众多历史文化的场景重现、福文化产品数字常态化，进而实现福文化产业的“新基建”，有助于引导文化消费需求朝低碳方向发展。

推进传统福文化产品转型，实现福文化产品提质。当前社会大众的精神文化需求市场虽然旺盛，但竞争也很激烈。福文化只有创造性地融入现代产业体系中，才能为众多民众所感知乃至接受。近年来，在文化市场上出现的诸多福文化的网红打卡点，虽然会掀起一段时间的行业热潮，但大多数从业者只关注经济利益，无视生态环境的保护要求，秉承“拿来主义”原则，缺乏工匠精神，最终可能在文化市场上铩羽而归。另外，过于追求经济效益的福文化产品，大多属于同质化产品，而忽视了福文化本身所蕴含的独特文化元素，导致众多福文化产品附加值低，既妨碍经济效益的实现，也影响其文化效益及生态效益，更不利于福文化产业的高质量发展。因此，在大力推进实现“双碳”目标的背景下，迫切要求福文化产业转型升级，秉承生态制造原则，提升福文化产品的品位和品质，实现高质量发展。

“双碳”目标助力福文化产业高质量发展的路径

持续践行绿色发展理念，推进福文化产业生态化发展。实现福文化产业的高质量发展，应秉承生态可持续发展理念，持续有效地改造传统文化，这不仅可以实现福文化产业系统与自然生态系统的协调发展，也可充分发挥福文化产业的经济功能和生态功能。

借助数字科技，推进福文化与其他产业的深度融合。一方面，着力推进数字福文化产业，促进福文化产业的数字转型；另一方面，着力推进福文化与相关行业的有效融合，实现“福文化产业+”的行业生态，推动福文化产业的高质量发展。首先，将福建丰富的福文化资源数字化，提高民众对福文化内容的接受度和满意度。比如，可依托闽南文化、红色文化、客家文化、妈祖文化、船政文化、茶文化和海洋文化等，培育云旅游、云直播、云演艺，将资源云化，发展线上数字化体验产品，营造沉浸式旅游体验新场景。同时实现供需精准对接，节约生产，提高产品使用率，以个性化、定制化服务实现减碳和降碳。其次，借助科技平台作用，推动福文化产业结构的优化升级。加快数字科技融入福文化产业链条中，涵盖福文化创作、产品生产、营销乃至消费等环节，实现链条的无缝对接。要积极连通创意设计与实体经济、现代生产生活、日常消费需求，在生产实践中提升产品创意设计水准。最后，推进福文化产业与其他相关行业的深度融合，丰富不同行业的文化内涵，拓宽行业外延，提升行业的文化适用性。同时，着力延伸福文化产业链条，创新福文化的新兴业态，促进福建福文化产业体量和规模的扩大。

充分挖掘福建福文化资源，实现资源价值最大化。实现福文化的生态可持续发展，应秉承自然生态优化利用原则，深度推进文旅融合，充分发挥闽南文化、红色文化、朱子文化及海洋文化的资源优势，最大限度降低旅游业耗能。因此，应创新福文化资源的表现形式，注重文旅产业链条的有效整合，拓宽其发展路径，兼顾商业旅游、农业旅游、文化创意、文化娱乐等其他融合产业的发展，同时注重定制化文旅项目开发，实现人、财、物的精准投放，尽可能使资源效能最大化。一方面，应大力储备主题鲜明、叙事生动、制作精良的福文化展陈精品，大幅度增强福文化产业的亲切感。另一方面，创新福文化产业数字内容新业态，提升福文化的可视感。比如推广红色乡村旅游，可着力发展专项旅游和定制红色文化产品，由此避免提供由“一刀切”的统一服务标准带来的同质化体验，进而导致审美疲劳和资源重复浪费现象。

推进福文化产业发展，助力福文化繁荣与传播

黄诗娴

推动福文化创造性转化、创新性发展，尤其是产业性转化，是福建福文化推广、延伸、传播与升级的重要途径，应注重福文化发展与文化产业的协同性，以福文化带动福建文化和旅游产业发展，推进福文化文旅经济，推动福建特色文化走出去。

一是打造福文化创意产业园。福建省内一些文创产业园目前存在主题特色不够突出、产业活力不佳、业态形式单一，以及未能与文化消费、文化旅游等产业结合等问题。应改造部分文创产业园为福文化特色创意产业园，作为福文化展演、文创开发、市民体验的综合性创意空间，培育福文化创意设计与市集活动，培育成为福文化旅游新地标。

二是进一步开发福文化资源，推进民俗文化的产业性转化。以台湾为例，台湾的民俗文化已进行了较完善的创意产业化转化，值得福建借鉴。福建可以加强民俗信仰的“文化节”开发，打造部分具有国际影响力的民俗旅游文化节，同时注重衍生商品的开发。另外，还可以注重民俗文化的技术化转化和影像化展示，以及民间信仰文化文物展览、出版与传播。

三是以影视创作讲述福文化和福建故事。鼓励以福建之人、事、史、地、物为题材进行影视作品创作，拍摄制作福文化题材的电影、电视剧（网络剧）、电视综艺（网络综艺）。鼓励省内新媒体行业、知名网络主播在互联网平台通过短视频、直播等方式传播和推介福文化，推动福文化IP的视觉化转化和价值链提升。

四是与时尚产业联动，打造“福潮”文化。让青年群体加入福文化的挖掘与传播中，通过与时尚产业的结合，推动“福潮”的兴起，带动本土文创设计的发展，推出一批“福潮”文创产品，推动带有福建地方文化的“潮品”在青年人当中设计、传播、运用，推动福文化与时尚潮流相结合。

◎福建“福”文化创意设计大赛获奖作品《福星福将·国潮手办》（刘玉珍　程芳芳等）

五是推动福文化与音乐、舞台艺术、出版等创意产业相结合。创作福文化主题歌曲并推广传唱。打造展现福建地方文化的福文化舞台艺术精品并进行巡演。实施福文化出版工程，推出更多展现福建历史文化、福建名人名篇、福建家风家训等的优秀读物。

六是打造福文化主题旅游活动。开发福文化主题旅游打卡线路图并广泛推广，以历史文化、自然景观、地域美食等为重点，鼓励旅客在旅游活动中探索发现福文化资源，打造特色凸显的福文化旅游“风景线”。

七是以福文化为纽带，推动闽台及海外的文化产业交流合作，推动福文化主题文创产品在各类国际展览活动上展示，推动福文化民间技艺的各类交流培训。

福文化产业的繁荣，是福文化创新性转化的重要表现，有利于持续推动福文化的挖掘与传播，强化福建福文化品牌，讲好福建地方文化故事，推进文化强省建设。

福文化品牌的传播

刘 泓

学者讨论文化时，尤为关注两个领域：地方性知识与文化叙事。对福建而言，福文化就是一种颇具特色的地方性知识的文化叙事。

福建是全国唯一名字中有“福”字的省份，福文化蔚为大观。古往今来，无论是丰富多样的建筑、服饰风俗，还是生动活泼的崇福、祈福的民风，抑或是乐善好施、福泽同胞的传统，福建以各种形式传承和演绎福文化，形成高度的心理认同和价值认同，内化为流淌在血液里、镌刻在灵魂中的精神力量。所以，支撑福文化传承的最大动力，应该是来自文化认同与日常生活，而非一时的话题热度。

文化品牌的生成方式和发展路径，与一般产品品牌有所区别。文化品牌的生成过程，是人们赋予了特定的意义后，经过不断地推广宣传，慢慢地转化成品牌价值。当其品牌价值形成广泛的影响力时，就可以通过品牌授权或合作进行衍生品开发，或者通过异业合作，向更广泛的产业领域扩展。所以，福文化品牌与一般有形产品品牌遵循的“产品—意义—品牌”发展路径不同，应遵循“意义—品牌—衍生品—产业”的发展规律。

推动福文化资源转化利用，贵在以福文化品牌塑造为抓手，整理福文化品牌蕴含的文化基因，打造福建文化标识体系，以福文化品牌带动福建文旅产业高质量发展，彰显福文化品牌的文化价值和经济价值。

文化IP已成热议的话题，其核心在于知识产权，拥有了排他性才能成为一个成功的IP。不能形成知识产权的文化IP，意味着不能得到法律上的保护，也不具备业态延伸和无形资产的价值。因此，我们应该下大力气打造极具福建特色的福文化IP，不断提升福文化形象IP的美誉度和亲和力，让福文化形象IP深入人心。通过文化创意，推动福文化IP转化，盘活福文化资源，推动IP转化和价值链提升。

在文旅加快融合的当下，福文化品牌创新发展存在一个从无形价值到有形产品延伸的过程。把福文化品牌价值向有形产品领域延伸，是打造福文化品牌的重要路径。因此，盘活福文化资源，当坚持守正创新，把握好新时代新语境下受众的接受方式，把传统文化与当代人的生活、审美、需求结合起来。可以立足福建省工艺美术产业地域集聚和产品特色优势，支持工艺美术企业在石雕、木雕、古典家具、陶瓷、漆艺等生产创作中巧妙融合福建福文化元素，推动福文化文创产业与旅游、制造等产业多元融合发展，丰富福文化旅游商品供给，打造文化旅游新业态、新品牌等。

把握数字化发展的新热潮，借助数字技术让各类福文化文旅资源得以活化，形成数字文旅新生态和数字化新型供应链，以更好地开拓新空间。同时，适应数字化时代文旅消费呈现出全要素、全人群和全天候的新趋势，进一步推动数字化在福文化文旅产业各个环节的应用，以满足数字时代游客的新需求。

福文化品牌不仅是文化的存在方式，也是对外交流、彰显文化价值的渠道。如能建立福文化内部各要素的关联，发力文化标识系统打造，与多元文化进行交流互鉴，便更有利于福文化品牌塑造。尤其是在全球化语境下，不妨将之作为一种民族情怀来巩固强化，推动福文化品牌“走出去”。福文化的地方性知识与文化品牌具有对本民族文化及其价值观念的自觉认同，可以增强文化自信，增进对中华文化的了解和对中国形象的认同，在与世界各民族文化艺术的交融中推动中华文化的繁荣。

后　记

党的二十大报告提出，要传承中华优秀传统文化，满足人民日益增长的精神文化需求，这为我们加快推进、弘扬、传承与发展中华“福”文化工作指明了方向、增添了动力。

为深入贯彻省委、省政府关于推动“福”文化传承与创新、打响“福”文化品牌的重要部署，落实十一届省委深改委第四次会议和全省“福”文化工作推进会的精神，按照省委宣传思想工作领导小组《关于推动“福”文化资源转化利用、打响福建“福”文化品牌的实施意见》的工作要求，我们以实施“福”文化传承与发展工程为总抓手，以劳动创造幸福、奉献就是幸福和为人民谋幸福、不断增进人民福祉为主题，整合朱子文化、闽都文化、闽南文化、客家文化等富有福建地域特色的文化资源，贯通历史、现在和未来，积极开展“寻福”“送福”“造福”“享福”行动，让“福”这一古老的中华传统文化焕发出新的时代光彩。

为深化“福”文化研究与阐释，我们组织社科研究机构、高校、民俗等领域的专家和学者开展专题研究，推出“闵仲平”文章《让“福”文化绽放璀璨的时代光芒》等数十篇理论文章，开展20项“福”文化课题研究，形成了丰富的理论研究成果。本书选收了其中的30篇，相信本书的出版能为进一步研究、传承和发展中华“福”文化提供理论支撑，更好地推动“福”文化资源转化利用。中华“福”文化，福建永担当。我们希望有更多的专家、学者和热心人士共同加入传承、弘扬中华“福”文化的行列，以福建的行动为新起点，支持打响福建“福”文化品牌，并在更大范围内实现经济社会高质量发展助力，为人民造福。

编　者

2022年10月